書名：六壬教科書六壬鑰
副題：心一堂術數珍本古籍叢刊　三式類　六壬系列
作者：〔民國〕　蔣問先

主編、責任編輯：陳劍聰
心一堂術數珍本古籍叢刊編校小組：陳劍聰　素聞　梁松盛　鄒偉才　虛白盧主

出版：心一堂有限公司
出版社地址：香港九龍尖沙咀東麼地道六十三號好時中心 LG 六十一
門市：香港九龍尖沙咀東麼地道六十三號好時中心 LG 六十一
電話號碼：(852)2781-3722
傳真號碼：(852)2214-8777
網址：http://www.sunyata.cc
電郵：sunyatabook@gmail.com
心一堂術數珍本古籍叢刊網上論壇 http://bbs.sunyata.cc/

版次：二零一一年十月初版
平裝

港幣　一百三十八元正
定價：人民幣　一百三十八元正
新台幣　五百元正

國際書號：ISBN 978-988-8058-86-0

香港及海外發行：利源書報社
地址：香港新界荃灣德士古道 220-248 號荃灣工業中心 1609-1616 室
電話號碼：(852)2381-8251
傳真號碼：(852)2397-1519

台灣發行：秀威資訊科技股份有限公司
地址：台灣台北市內湖區瑞光路七十六巷六十五號一樓
電話號碼：(886)2796-3638
傳真號碼：(886)2796-1377
網路書店：www.govbooks.com.tw
經銷：易可數位行銷股份有限公司
地址：新北市新店區中正路 542 之 3 號 4 樓
電話號碼：(886)82191500
傳真號碼：(886)82193383
網址：http://ecorebooks.pixnet.net/blog

中國大陸發行・零售：心一堂書店
深圳地址：中國深圳羅湖立新路六號東門博雅負一層零零八號
電話號碼：(86)0755-82224934
北京地址：中國北京東城區雍和宮大街四十號
心一堂網上書店：http://book.sunyata.cc

心一堂術數古籍珍本叢刊 總序

術數定義

術數，大概可謂以「推算、推演人（個人、群體、國家等）、事、物、自然現象、時間、空間方位等規律及氣數，並或通過種種『方術』，從而達致趨吉避凶或某種特定目的」之知識體系和方法。

術數類別

我國術數的內容類別，歷代不盡相同，例如《漢書・藝文志》中載，漢代術數有六類：天文、曆譜、無行、蓍龜、雜占、形法。至清代《四庫全書》，術數類則有：數學、占候、相宅相墓、占卜、命書、相書、陰陽五行、雜技術等，其他如《後漢書・方術部》、《藝文類聚・方術部》、《太平御覽・方術部》等，對於術數的分類，皆有差異。古代多把天文、曆譜、及部份數學均歸入術數類，而民間流行亦視傳統醫學作為術數的一環；此外，有些術數與宗教中的方術亦往往難以分開。現代學界則常將各種術數歸納為五大類別：命、卜、相、醫、山，通稱「五術」。

本叢刊在《四庫全書》的分類基礎上，將術數分為九大類別：占筮、星命、相術、堪輿、選擇、三式、讖緯、理數（陰陽五行）、雜術。而未收天文、曆譜、算術、宗教方術、醫學。

術數思想與發展——從術到學，乃至合道

我國術數是由上古的占星、卜蓍、形法等術發展下來的。其中卜蓍之術，是歷經夏商周三代而通過「龜卜、蓍筮」得出卜（卦）辭的一種預測（吉凶成敗）術，之後歸納並結集成書，此即現傳之《易經》。經過春秋戰國至秦漢之際，受到當時諸子百家的影響、儒家的推崇，遂有《易傳》等的出現，原本是卜蓍術書的《易經》，被提升及解讀成有包涵「天地之道（理）」之學。因此，《易・繫辭傳》曰：「易與天地準，故能彌綸天地之道。」

漢代以後，易學中的陰陽學說，與五行、九宮、干支、氣運、災變、律曆、卦氣、讖緯、天人感應說等相結

合，形成易學中象數系統。而其他原與《易經》本來沒有關係的術數，如占星、形法、選擇，亦漸漸以易理（象數學說）為依歸。《四庫全書‧易類小序》云：「術數之興，多在秦漢以後。要其旨，不出乎陰陽五行，生尅制化。實皆《易》之支派，傅以雜說耳。」至此，術數可謂已由「術」發展成「學」。

及至宋代，術數理論與理學中的河圖洛書、太極圖、邵雍先天之學及皇極經世等學說給合，通過術數以演繹理學中「天地中有一太極，萬物中各有一太極」（《朱子語類》）的思想。術數理論不單已發展至十分成熟，而且也從其學理中衍生一些新的方法或理論，如《梅花易數》、《河洛理數》等。

在傳統上，術數功能往往不止於僅僅作為趨吉避凶的方術，及「能彌綸天地之道」的學問，亦有其「修心養性」的功能，「與道合一」（修道）的內涵。《素問‧上古天真論》：「上古之人，其知道者，法於陰陽，和於術數。」數之意義，不單是外在的算數、歷數、氣數，而是與理學中同等的「道」、「理」──心性的功能，北宋理氣家邵雍對此多有發揮：「聖人之心，是亦數也」、「萬化萬事生乎心」、「心為太極」。《觀物外篇》：「先天之學，心法也。……蓋天地萬物之理，盡在其中矣，心一而不分，則能應萬物。」反過來說，宋代的術數理論，受到當時理學、佛道及宋易影響，認為心性本質上是等同天地之太極。天地萬物氣數規律，能通過內觀自心而有所感知，即是內心也已具備有術數的推演及預測、感知能力；相傳是邵雍所創之《梅花易數》，便是在這樣的背景下誕生。

《易‧文言傳》已有「積善之家，必有餘慶；積不善之家，必有餘殃」之說，至漢代流行的災變說及讖緯說，我國數千年來都認為天災，異常天象（自然現象），皆與一國或一地的施政者失德有關；下至家族、個人之盛衰，也都與一族一人之德行修養有關。因此，我國術數中除了吉凶盛衰理數之外，人心的德行修養，也是趨吉避凶的一個關鍵因素。

術數與宗教、修道

在這種思想之下，我國術數不單只是附屬於巫術或宗教行為的方術，又往往已是一種宗教的修煉手段──通過術數，以知陰陽，乃至合陰陽（道）。「其知道者，法於陰陽，和於術數。」例如，「奇門遁甲」術中，即分為「術奇門」與「法奇門」兩大類。「法奇門」中有大量道教中符籙、手印、存想、內煉的內容，是道教內丹外法的一種重要外法修煉體系。甚至在雷法一系的修煉上，亦大量應用了術數內容。此外，相術、堪輿術中也有修煉望氣色的方法；堪輿家除了選擇陰陽宅之吉凶外，也有道教中選擇適合修道環境（法、財、侶、地中的地）的方法，以至通過堪輿術觀察天地山川陰陽之氣，亦成為領悟陰陽金丹大道的一途。

易學體系以外的術數與的少數民族的術數

我國術數中，也有不用或不全用易理作為其理論依據的，如楊雄的《太玄》、司馬光的《潛虛》。也有一些占卜法、雜術不屬於《易經》系統，不過對後世影響較少而已。

外來宗教及少數民族中也有不少雖受漢文化影響（如陰陽、五行、二十八宿等學說）但仍自成系統的術數，如古代的西夏、突厥、吐魯番等占卜及星占術，藏族中有多種藏傳佛教占卜術、苯教占卜術、擇吉術、推命術、相術等；北方少數民族有薩滿教占卜術；不少少數民族如水族、白族、布朗族、佤族、彝族、苗族等，皆有占雞（卦）草卜、雞蛋卜等術，納西族的占星術、占卜術，彝族畢摩的推命術、占卜術……等等，都是屬於《易經》體系以外的術數。相對上，外國傳入的術數以及其理論，對我國術數影響更大。

曆法、推步術與外來術數的影響

我國的術數與曆法的關係非常緊密。早期的術數中，很多是利用星宿或星宿組合的位置（如某星在某州或某宮某度）付予某種吉凶意義，并據之以推演，例如歲星（木星）、月將（某月太陽所躔之宮次）等。不過，由於不同的古代曆法推步的誤差及歲差的問題，若干年後，其術數所用之星辰的位置，已與真實星辰的位置不一樣了；此如歲星（木星），早期的曆法及術數以十二年為一周期（以應地支），與木星真實周期十一點八六年，每幾十年便錯一宮。後來術家又設一「太歲」的假想星體來解決，是歲星運行的相反，週期亦剛好是十二年。而術數中的神煞，很多即是根據太歲的位置而定。又如六壬術中的「月將」，原是立春節氣後太陽躔娵訾之次而稱作「登明亥將」，至宋代，因歲差的關係，要到雨水節氣後太陽才躔娵訾之次，當時沈括提出了修正，但明清時六壬術中「月將」仍然沿用宋代沈括修正的起法沒有再修正。

由於以真實星象周期的推步術是非常繁複，而且古代星象推步術本身亦有不少誤差，大多數術數除依曆書保留了太陽（節氣）、太陰（月相）的簡單宮次計算外，漸漸形成根據干支、日月等的各自起例，以起出其他具有不同含義的眾多假想星象及神煞系統。唐宋以後，我國絕大部份術數都主要沿用這一系統，也出現了不少完全脫離真實星象的術數，如《子平術》、《紫微斗數》、《鐵版神數》等。後來就連一些利用真實星辰位置的術數，如《七政四餘術》及選擇法中的《天星選擇》，也已與假想星象及神煞混合而使用了。

隨着古代外國曆（推步）、術數的傳入，如唐代傳入的印度曆法及術數，元代傳入的回回曆等，其中我國占星術便吸收了印度占星術中羅睺星、計都星等而形成四餘星，又通過阿拉伯占星術而吸收了其中來自希臘、巴比倫占星術的黃道十二宮、四元素學說（地、水、火、風），並與我國傳統的二十八宿、五行說、神煞系統並存而形成《七政四餘術》。此外，一些術數中的北斗星名，不用我國傳統的星名：天樞、天璿、天璣、天權、玉衡、開陽、搖光，而是使用來自印度梵文所譯的：貪狼、巨門、祿存、文曲，廉貞、武曲、破軍等，此明顯是受到唐代從印度傳入的曆法及占星術所影響。如星命術的《紫微斗數》及堪輿術的《撼龍經》等文獻中，其星皆用印度譯名。及至清初《時憲曆》，置潤之法則改用西法「定氣」。清代以後的術數，又作過不少的調整。

術數在古代社會及外國的影響

術數在古代社會中一直扮演着一個非常重要的角色，影響層面不單只是某一階層、某一職業、某一年齡的人，而是上自帝王，下至普通百姓，從出生到死亡，不論是生活上的小事如洗髮、出行等，大事如建房、入伙、出兵等，從個人、家族以至國家，從天文、氣象、地理到人事、軍事，從民俗、學術到宗教，都離不開術數的應用。如古代政府的中欽天監（司天監），除了負責天文、曆法、輿地之外，亦精通其他如星占、選擇、堪輿等術數，除在皇室人員及朝廷中應用外，也定期頒行日書、修定術數，使民間對於天文、日曆用事吉凶及使用其他術數時，有所依從。

在古代，我國的漢族術數，甚至影響遍及西夏、突厥、吐蕃、阿拉伯、印度、東南亞諸國、朝鮮、日本、越南等地，其中朝鮮、日本、越南等國，一至到了民國時期，仍然沿用着我國的多種術數。

術數研究

術數在我國古代社會雖然影響深遠，「是傳統中國理念中的一門科學，從傳統的陰陽、五行、九宮、八卦、河圖、洛書等觀念作大自然的研究。……傳統中國的天文學、數學、煉丹術等，要到上世紀中葉始受世界學者肯定。可是，術數還未受到應得的注意。術數在傳統中國科技史、思想史，文化史、社會史，甚至軍事史都有一定的影響。……更進一步了解術數，我們將更能了解中國歷史的全貌。」（何丙郁《術數、天文與醫學 中國科技史的新視野》，香港城市大學中國文化中心。）

可是術數至今一直不受正統學界所重視，加上術家藏秘自珍，又揚言天機不可洩漏，「（術數）乃吾國科學與哲學融貫而成一種學說，數千年來傳衍嬗變，或隱或現，全賴一二有心人為之繼續維繫，賴以不絕，其中確有學術上研究之價值，非徒癡人說夢，荒誕不經之謂也。其所以至今不能在科學中成立一種地位者，實有數困。蓋古代士大夫階級目醫卜星相為九流之學，多恥道之；而發明諸大師又故為惝恍迷離之辭，以待後人探索；間有一二賢者有所發明，亦秘莫如深，既恐洩天地之秘，複恐譏為旁門左道，始終不肯公開研究，成立一有系統說明之書籍，貽之後世。故居今日而欲研究此種學術，實一極困難之事。」（民國徐樂吾《子平真詮評註》，方重審序）

現存的術數古籍，除極少數是唐、宋、元的版本外，絕大多數是明、清兩代的版本。其內容也主要是明、清兩代流行的術數，唐宋以前的術數及其書籍，大部份均已失傳，只能從史料記載、出土文獻、敦煌遺書中稍窺一鱗半爪。

術數版本

坊間術數古籍版本，大多是晚清書坊之翻刻本及民國書賈之重排本，其中豕亥魚魯，或而任意增刪，往往文意全非，以至不能卒讀。現今不論是術數愛好者，還是民俗、史學、社會、文化、版本等學術研究者，要想得一常見術數書籍的善本、原版，已經非常困難，更遑論稿本、鈔本、孤本。在文獻不足及缺乏善本的情況下，要想對術數的源流、理法、及其影響，作全面深入的研究，幾不可能。

有見及此，本叢刊編校小組經多年努力及多方協助，在中國、韓國、日本等地區搜羅了一九四九年以前漢文為主的術數類善本、珍本、鈔本、孤本、稿本、批校本等千餘種，精選出其中最佳版本，以最新數碼技術清理、修復版面，更正明顯的錯訛，部份善本更以原色精印，務求更勝原本，以饗讀者。不過，限於編校小組的水平，版本選擇及考證、文字修正、提要內容等方面，恐有疏漏及舛誤之處，懇請方家不吝指正。

心一堂術數古籍珍本叢刊編校小組

二零零九年七月

龍傳聚義奇緣

吳佩芋

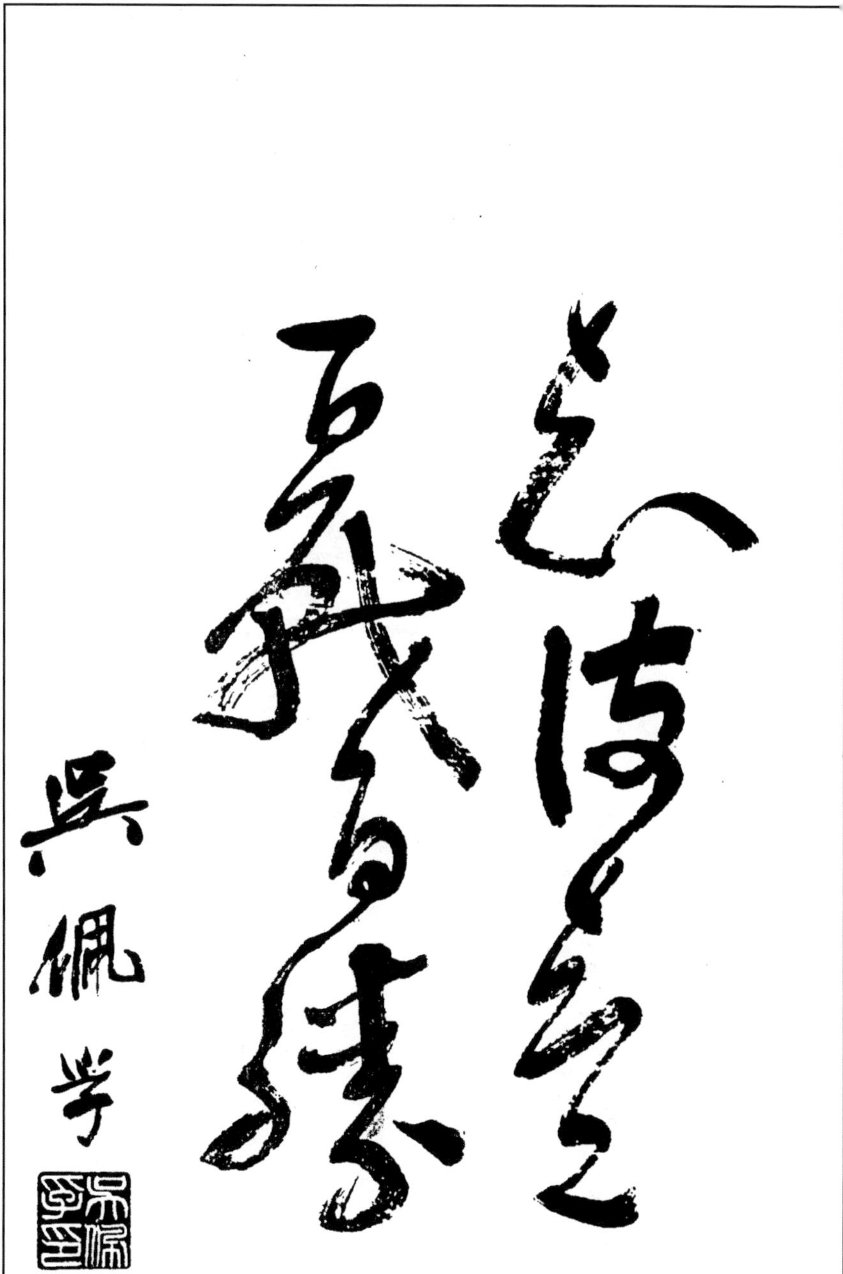

先知先覺

吳虞公書

序一

譚進化學者。每謂人羣肇基。其始先有神權。顧予嘗循繹中西神話。大率史公所謂縉紳先生難言者。故不論何學。要以能入於文藝而後可傳。陰陽家言。其託體胎於羲經。易之爲道變動不居。執不變以馭其變。此理之界也。觀其變而知其所以不變此數之界也。昔董仲舒治公羊春秋。推陰陽家爲儒家之宗。至唐太宗病陰陽家所傳書。多誣謬淺惡。命呂才刊定。而明季王船山先生力予抨擊。謂呂才之定。適以長亂。是殆有激而發。非不刊之論也。陰陽之術百端。而於易理足以相證者。厥維六壬。吉凶晦吝由乎人。執數以推其理。窮理以通其數。殆有莫之爲而爲者。吾友蔣君問兲。天資穎悟。迥異流輩。於科學及中西文字。無不研求有得。而獨好陰陽家言。其於六壬。尤能深造。爲人占休咎。輒有奇中。儕輩之神其術者。不字其字。而呼之曰仙人。君亦笑受之不辭。有時茗寮酒肆。與二三朋從相聚。鄰座之不知君字者。輒指而目之曰。此蔣仙人也。其爲人所傾服如是。今歲春政局改革。余奉委主邑政。其時百端紛擾。苦無暇晷。而君則閉戶從容。著六壬鑰一書。并索予爲序。顧以事冗。亦漫應之。迨職務卸去。而君又函催踐諾。予於六壬一道。毫未窺其門徑。所不能已於言者。先叔錫芝公素精是學。清光緒初。無不知之。身故後。遺書零落。愧未能讀。知君研求有素。悉舉以贈君。君今所造益進。以科學之方式。爲之編次。成書六卷。凡十餘萬言。不特術士家須人手一編。卽儒者亦可藉是書以求其涂徑。而不至爲術士所惑。而予於先叔所遺書。亦不知無人問津。則是書之功。又豈可沒乎。抑予尤有進者。凡百學術。均須堅苦卓絕。無所爲而爲之。乃足成家。六壬之道雖古。而爲江湖術士。借爲餬口之具。致斯道益晦。夫以謀食而始謀道。此吾國學殖之所以荒落。而文化益以退步也。又豈獨。六壬一道爲然哉。

中華民國十六年十月同里弟錢景高甫南山序

妖怪攝精鍊形奇談

（一）（名）（採）（補）（異）（聞）

◉是攝精採補之秘本
◉是妖怪煉形之秘術

▲此書聚千百花妖木魅於一卷……奇聞怪事層出不窮煞是好看
▲此書聚千百騷狐靈鬼於一堂……綺情蕩態麗容醜相變幻無窮

▲一讀此書。如置身羅綺叢中。魂銷眞僞。
▲一讀此書。如置身幽鬼窟中。驚心駭魄。
▲一讀此書。如置身騷狐隊裏。消受溫磨。
▲一讀此書。如置身衆芳國裏。目親美色。

☯讀此一書。足以銷魂。足以自警。

書中有

騷狐迷人之媚術。靈鬼惑人之醜態。
花妖吸精之奇聞。山魅壓人之駭談。
蛇妖攝精之秘術。各種精靈之採補。
妖怪變幻之離奇。鬼魅蠱人之趣事。

◉全書精裝一冊　定價大洋八角　特價七折　寄費加一

序二

今世之江湖術士。信口雌黃。不足道也。吾有二友。曰吳君夢飛。曰蔣君問天。皆善卜。能奇中。夢飛近與同事海上。問天則廿載以前吳門之舊同學也。夢飛雅擅琵琶。蜚聲藝術。世知爲音樂家。而不知其精六壬。問天頻年掌教。樂育英才。世知爲教育家。亦不知其精六壬也。去歲夢飛著古樂譜。成索序於余。余於音樂一道。實係門外。惟茶餘酒後。每喜要夢飛爲余占課。事無不決。言無不中。蓋君寢饋於斯也深矣。今秋余離夢飛返里。日晤問天。知方從事著述。詢書名。以六壬鑰對。夫君固研究心靈學有年矣。嘗爲人催眠而成功。余則習其理論。未敢一試。今君乃出其餘力。研究壬學。非特以占驗爲能事。并詳搜博採。發泄天地之秘奧。蔚成理數之大觀。分卷爲六。坿錄者二。美矣備哉。吾知世之殫精斯學者。固將人手一編也。余更將寓書夢飛爲之介。庶幾乎問天又得一知己矣。丁卯秋同學弟徐信謹序

序三

自十九世紀以來。歐美各國。競尚科學。殫精竭慮。惟聲光化電是務。至於今日。物質文明。達於極步。姑勿論人民生活程度之增高。足以造成貧富階級。而陷社會於不安之狀態。卽以人類思想上學術上研求之結果。適足見其枝枝節節。奪天趣而戕性情。究未能解決宇宙之眞相。是以天資卓絕之士。將舍科學而談神秘哲學。以補科學之弊。而濟科學之窮。扶乩作字。召鬼攝影。昔日所視爲迷信者。今則嘖嘖稱道。不以爲怪。此屬諸心靈者也。五行生尅之理。八卦推衍之術。能預知吉凶禍福貧富壽夭。憑空立斷。此屬諸術數者也。術數雖不能超出心靈之外。

要亦自有其不可思議之妙用存於其間也。蔣子少攻西學。精天算。以其餘暇。研究催眠靈子之學。嘗爲人治疾。有奇效。又精圓光術。能於素紙上攝人鬼。弈弈有生氣。其用力最劬。造指最深者。則爲術家言。是蓋能於心靈術數。雙方並進。以窮神秘哲學之究竟者。近有慨夫心靈之學。日漸發達。術數之學。談者尚尠。遂積平昔蒐討之功。著六壬鑰一書。以爲之倡。夫六壬爲術數之一。與遁甲太乙。世謂之三式。若論精微奧衍。則又無過六壬。其書隋經籍志已有之。明人所著之六壬大全十二卷。最爲詳備。惟卷帙雖多。博而不精。徒使人望洋興歎。蔣子闡其玄妙。抉其精華。以平易之筆。寫通達之詞。一爲披覽。無不迎機而喻。謂之曰鑰。誰曰不宜。吾知此書之成。必可於神秘哲學界放一

異彩。彼孜孜矻矻以科學相競尚者幾何不自笑其迂也。是爲序。海虞顧思誠

白光電球奇術

◉隨書附贈電球一個此球爲施術之要品

空前絕後之大奇術

◉白光電球奇術……可以……

- ▣試驗心術　▣偵察貞淫　▣變更體質　▣改換面目
- ▣感化人類　▣夢中相會　▣慰解思慕　▣判斷禍福
- ▣預知財運　▣預卜姻緣　▣戒除煙酒　▣禁止嫖賭
- ▣晤對鬼神　▣偵探事物　▣破獲巨案　▣醫治各病

（手續）

白光電球奇術既有如此功效淺見者必以爲手續極難不知維爾斯博士已廢十三載之光陰得一極簡單之方法無論何人得此一書即可實行運用方法共分十步書中按步繪圖說明略識字者一覽便知即能使人受術於十五分鐘內輒獲大效也

【白光電球奇術有不可思議之効力】

（成績）

白光電球奇術之學說與起・全世界之學術界・大爲震驚・各國著名學者・均於報章雜誌上著論辨難・卒以維爾斯在比京青年圖書館當衆試驗・效驗奇特・於是名譽大著・・各國學者・遂一變其懷疑的態度・而用心研究此術・維爾斯更屬孜孜不倦・精益求精・十三年來・遂發明最簡單之方法・刊書行世・凡能得其一書・依法施術・輒獲神秘不可思議之大效・此書在比京出版後・未及三月・即再版至十六次之多・共銷卅餘萬冊・其後英文本・法文本・俄文本・相繼翻印・傳誦於智識階級・而電學・靈學・哲學・醫學・心理學・各界・而莫不以此爲成功之階梯・識者謂二十世以後之人類・將莫不爲白光電球奇術所支配・人苟得知白光電球奇術之門徑・亦無往而不操勝算云

全書布面金字洋裝一大冊實價大洋二元寄費一角

序四

余友蔣君問无好術數家言。於陰陽五行之書。無一不讀。而尤精壬學。推斷未來事。多奇中。猶憶民國初建。君關懷時局。一日。偶占之。有孫休袁紹之斷。時中山先生就臨時大總統任。未浹辰也。越二月果遜位。項城如君言。甲子齊盧啓釁。齊軍過虞邑。邑之丁壯。逃轉輸役不得。隨營去者凡數百人。厥後戰事平。相繼歸里。而福山鄉某甲。消息獨杳。其家人惶急。介余請於君。爲占安否。君占之曰安。且細察課象。當得意外財。問以歸期。曰五日。及期果歸。解裝則黃白物燦然。蓋皆齊軍臨走所委棄。甲於無意中拾得者也。其術之神如此。顧君不自秘。居常慨斯學深奧。不能盡人皆知。爰發憤著書。舉諸家精義。發揮而光大之。書凡六卷。閱數寒暑始成。題曰六壬鑰。今秋。將付剞劂。索序於余。余既佩君之神於術。而又喜君之公其術於天下。可使人人藉是鑰以升堂入室也。因書此報之。

丁卯季秋月中澣大柯弟鄒檹拜手

序五

吾友蔣君問弢。少好六壬之學。沉潛二十餘年。博稽羣籍。訂正舛誤。著六壬鑰一書。都六卷。附錄二卷。詞旨詳明。條張目舉。迥異術數家艱晦吞吐之習。既自述作書之旨。復問序於明志。明志於六壬之書。夙未研究。豈敢妄言。無已。請一言平昔對於術數之意見可乎。嘗觀吾國之言數者。往往謂理不勝數。言理者又言數不勝理。二說各有根極。不肯相下。明志則謂古今萬彙之變化。吉凶消長之道。實理與數雜糅而成。故理不勝數與人定勝天二語。皆不刊之論。相反相成者也。敬求之左氏春秋。晉獻公筮嫁伯姬於秦。史蘇占之不吉。及惠公爲秦所執。曰先君若從史蘇之言。吾不及此。韓簡以爲先君多敗德。史蘇是占。勿從何益。南蒯將叛。筮之得坤之比。子服惠伯以爲忠信之事則可。不然必敗。易不可以占險。由是言之。古人之言術數。未嘗廢人事也。夫易不可以占險。六壬可占險乎。易不可以廢人事。六壬可廢人事乎。古之君子慎一身之悔尤。敬軍國之大事。疑則有占。精誠所感。洞微知幾。如影如響。若參以私意。褻嫚鬼神。則龜蓍弄人。禍福無據。理固然也。近世新學朋興。舉古人精微之學問。如易象太玄奇遁六壬之屬。大抵斥爲迷信詆爲迂談矣。而報紙上發財祕訣吉凶豫知術等書。反觸目皆是。其荒誕鄙倍。不可究詰。而購閱者且甚衆。豈非人心陷溺。行險徼幸者之多乎。夫以徼幸之心而言術數。充其極必至私測賭博之輸贏。

陰謀之成敗。神明旣杌。感召斯乖。歎術數之無憑。而豈術數之咎哉。蔣君本昌明古學之旨而成是書。明志故略述古人用術數之道如此。願世之道是書者詳之。并質之蔣君以爲何如也。

中華民國十六年雙十節常熟夏明志謹序

自序

陰陽五行之說吾國所獨創精其理者衍爲術數非科學非哲學蓋學術界中之異軍蒼頭特起者也術數之派別至多最古者有太乙奇門六壬三種世稱三式太乙奇門書多脫略譌舛不可讀六壬則尚有端緒可尋見於史者隋志有二家唐志有六家宋志有三十家而焦竑經籍志所收尤富多至八十三家然亦十九散佚僅宋徐道符之六壬心鏡淩福之之六壬畢法賦蔣日新之六壬開雲觀月經劉啓明之六壬軍帳賦苗公之六壬鬼撮腳以及不著撰人名氏之六壬五變中黃經六壬兵占六壬百鍊金六壬通龜六壬心印賦六壬訂訛等書流傳於

世清初郭載騋輯六壬大全十二卷將諸家遺文悉行採入實集壬學之大成惜文字晦澀入手諸式僅列歌訣初學者恒茫然不知所謂嗣後越循葉晦亭著六壬眎斯秀水張純照著六壬尋原文較淺顯又嫌過於簡略未能盡六壬之變蓋均非完善之本也余研究壬學二十餘載略能會通竊不自揣搜羅羣籍融化於一爐擷其精英棄其糟粕舛誤者訂正之錯亂者條貫之由淺入深首尾悉備爲壬學開一新紀元爲喜讀壬書者闢一新塗徑書成名之曰鑰自謂尚能名副其實數千載扃閉之門得此鑰啓之或不難升堂入室一窺其神秘乎抑有進者方今士夫習於歐化抵掌談學術均以科學哲學爲依歸此種非科學非哲學之術家言早在擯陷廓清之列而余猶盡心力

而爲之蓋本昌明古學之旨非敢與科學哲學家爭席也梓以問世倘亦爲好古之士之所許歟

中華民國十六年歲次丁卯秋日虞山蔣問堯識

壬學大成六壬鑰 一名六壬教科書 又名六壬學講義

凡例

一 陰陽五行之說均有來歷本書旨趣不重在考證故概從略

一 他書對於六壬佈式方法均極簡略或竟不載因是學者無從問津本書特闢一卷詳細說明藉符名鑰之旨

一 六壬中術語甚多他書皆不說明非經名師指點終難索解本書遇術語初見時坿以解釋以免捍格難通之病

一 月將貴人及行年等起法各書互有異同本書特羅列

一 諸說並參考奇門星命等書詳爲訂正

一 課體篇佚去二種無從訂補爰本述而不作之旨闕之以存疑

一 他書有占科名之法科舉廢後已不適於用故一併刪去

一 類神一項至爲難治本書所載或仍不免有謬誤之處深望海內學者之糾正

一 各卷中散見之神煞坿錄神煞表中仍行列入以便檢查

一 壬書中所引姜尙范蠡等之言均係後人僞託殊不足信本書概從屛棄免滋學者之惑

一 書中對於天乙貴人時稱天乙時稱貴人對於十二地支時用本字時用神名頗不一律實具有便於熟習之旨並非自亂其例

一 六壬之主旨在於兵占故特另立一卷詳細敷陳以示與普通人事有別惟古今戰術不同恐已不能盡適於用變而通之是在學者

圓光眞傳秘訣

圓光爲我國舊傳．本精神學之一種．凡過去未來．及一切疑難之事．經善于圓光者施術後．皆能躍然紙上．示以先機．俾可趨吉避凶．釋疑解惑．本書爲圓光眞傳．凡圓光之手續．看光之秘訣．原原本本．詳述無遺．一得此書、卽可施術行世．

□得此卽可依法圓光　□法術道破人人皆能

△石室藏本△千金難買　△過去未來△歷歷在目

全書一册　定價大洋八角　特價五角六分

內容摘要

（上編　釋義）

▲圓光創始之概論
▲圓光義理之神秘
▲圓光派別之分析
▲圓光効力之釋義
▲圓光定名之核實
▲圓光定名之由來
▲圓光能力之比例

（中編　施術）

▲圓光室之佈置
▲圓光之需用品
▲圓光時之儀式
▲看光童之選擇
▲實施圓光百法
▲看紙光之秘訣
▲看神光之秘訣

（下編　避忌）

▲施術傷人者犯法律
▲奸惡貪鄙者光不明
▲意圖報復者光不顯
▲致人死地者神不降
▲室內汚穢者神遠避
▲術士犯戒者咒不靈
▲視同兒戲者光不明

壬學大成 六壬鑰 目錄

卷二　占法篇

卷三　課體篇

卷六　斷法篇下　行軍專論

增錄一　神煞表

增錄二　課傳表

壬學大成 六壬鑰 卷首

虞山蔣問天著

緒言

六壬為古術數之一。與太乙奇門並峙。世稱三式。相傳為九天玄女。授之軒轅。以滅蚩尤。古史荒唐。不可考矣。或謂從易緯乾鑿度而出。則說頗近似。蓋其佈局立式。固與易息息相通也。天干凡十。而獨以壬名者。以壬水屬陽。天一生水。為數之始。壬又寄於亥。亥屬乾宮。亦易卦首乾之義也。壬而繫以六者。以干支相配。成六十花甲。每一干配六支。以壬配支。厥數有六故也。壬學言數又言理。其言數也。非科學家所言之數。其言理也。亦非哲學家所言之理。科學之數。為之基者凡十。而壬學之數。則爲之基者凡二十二。十干與十二支是已。干何以定爲十。支何以定爲十二。恐非牛頓 NEWTON 愛斯坦 EISTEIN 等之所能知也。哲學之理。不曰唯物。卽曰唯心。聚訟紛紜。終無定論。而壬學之理。則根據於陰陽五行。圓轉無礙。如環無端。數千年來。其說不墜。又非蘇格拉底 SOCRATES 康德 KANT 等之所能知也。此數此理。吾無以名之。則亦曰神秘之數。神秘之理已耳。

精究壬學。可以前知。名人筆記中載及者頗多。惟其人類多深自隱秘。不肯輕以授人。間有一二著述。亦故爲詰曲晦澀。錯亂無序。使人無從索解。斯學遂日卽於陵替。泰西學術輸入以後。鶩新之士。趨於歐化。吾國舊有學說。概視若土苴而不屑道。術數之學。則斥爲迷信。詆諆尤不遺餘力。斯學又受一重大打擊。

其不絕者。蓋如縷矣。夫視爲獨得之秘。而不肯公開者。是謂壟斷。未深考其內容。而妄肆抨擊者。是謂武斷。均非學者之態所所宜出也。

余既痛壟斷者居心之隘。又恨武斷者立說之偏。恐數千年流傳之學術。消滅於無形也。乃本學術公開之旨。爲國粹保存之計。著爲是書公之於世。爲斯學放一線光明。留一絲命脈。區區之意。如是而已。

書中言及各種神煞。最足以資學者之惑。而授反對者以口舌。實則非眞有其神。眞有其煞也。不過陰陽五行生尅制化之結果。應有之一種現象。強附以種種之名稱已耳。讀者可作科學上之符號觀。愼勿以辭害意也。

祈夢秘書

一名造夢術

從前良吏。每遇疑難不決之奇案。往往祈夢于邑廟而得平反寃獄。水落石出。惜此祈夢之術。世少流傳。間有一二抄本。又秘不示人。本局以重價購得眞本。公諸當世。尤爲名貴。內有造夢原理法則。無論何人。得此一書。即可祈夢。靈應異常。萬無一失。依夢中景象。即可斷所事之成敗利鈍。且可用察婦女貞淫。友朋善惡。洵天下第一奇書也。

●可以參透玄機……可以詳解至理

●說明造夢原理……說明造夢方法

▲可以照雪沉寃

▲可以破獲奇案

▲可知過去未來

▲可知朋友刁直

▲可知婦女貞淫

▲可知子孫成敗

▲可在夢中遊歷

▲可在夢中相會

要目錄下

(1) 造夢原理

(2) 造夢引證

(3) 造夢要旨

(4) 造夢百法

全書仿古
精裝一大
厚冊定價
大洋八角
特價大洋
五角六分
外埠函購
寄費六分

壬學大成 六壬鑰 卷一

虞山蔣問天著

築基篇

本篇專論陰陽五行。以及各種神將。舉凡壬式中應用之事項、均著之於篇。以免起課時之窒礙。譬之建造房屋。必先築基礎也。與仙家築基煉己之說。絕不相關。不過襲用其詞。讀者幸勿誤會焉。

一　干支之陰陽

天干凡十。甲乙丙丁戊己庚辛壬癸是也。甲丙戊庚壬五干屬陽。乙丁己辛癸五干屬陰。地支凡十二。子丑寅卯辰巳午未申酉戌亥是也。子寅辰午申戌六支屬陽。丑卯巳未酉亥六支屬陰。簡言之。奇數屬陽。偶數屬陰。

二　干支配五行

甲乙屬木。丙丁屬火。庚辛屬金。壬癸屬水。戊己屬土。此天干之配五行也。寅卯屬木。巳午屬火。申酉屬金。亥子屬水。辰戌丑未屬土。此地支之配五行也。

三　五行之生尅

金生水。水生木。木生火。火生土。土生金。是謂相生。　金尅木。木尅土。土尅水。水尅火。火尅金。是謂相尅。

四　五行之衰旺

五行得令。則爲旺爲相。不得令則爲休爲囚爲死。列表如左。

春	木旺	火相	土死	金囚	水休

夏	火旺	土相	金死	水囚	木休
秋	金旺	水相	木死	火囚	土休
冬	水旺	木相	火死	土囚	金休
四季	土旺	金相	水死	木囚	火休

右表所列。似瑣碎難記。其實祇須記牢旺相死囚休五字。後一字必爲前一字所生。例如木爲旺。則木生火。卽火爲相也。火生土。卽土爲死也。金爲相。則金生水。卽水爲死也。水生木。卽木爲囚也。

四季者。季春季夏季秋季冬也。所謂春夏秋冬者。僅指孟春仲春孟夏仲夏孟秋仲秋孟冬仲冬而言也。蓋正月建寅。二月建卯。均屬木。故木旺。四月建巳。五月建午。均屬火。故火旺。七月建申。八月建酉。均屬金。故金旺。十月建亥。十一月建子。均屬水。故水旺。三月建辰。六月建未。九月建戌。十二月建丑。均屬土。故土旺。

上說僅就其旺相之中來。加以解釋。而其實在日期。則並不以月計算。蓋五行於一年中平均支配。應各旺七十三日也。列表如左。

立春後	木旺	七十三日
	土旺	十八又四分之一日
立夏後	火旺	七十三日
	土旺	十八又四分之一日

節氣	旺	日數
立秋後	金旺	七十三日
	土旺	十八又四分之一日
立冬後	水旺	七十三日
	土旺	十八又四分之一日

他書皆言木火金水各旺七十二日。土則於四季各旺十八日。合而計之。凡三百六十日。實則太陽繞日一周。應得三百六十五又四分之一日。故特為改正如右。

五　納音五行

十干十二支。順次取一字配合。周而復始。得甲子乙丑丙寅。丁卯等。用算術中小公倍法計算之。得數凡六十。是名六十花甲子。干支配合而後。各自有其五行。與原干原支之五行。全不相關。猶之輕養二元素。化合而成水。納錄二元素。化合而成鹽也此干支配合後所屬之五行。名曰納音。係鬼谷子所發明。漢婁景復細究其淺深。著爲歌訣。後世宗之。壬課中雖不占重要。然亦不可不知。特錄如左。

甲子乙丑海中金　丙寅丁卯爐中火
戊辰己巳大林木　庚午辛未路旁土
壬申癸酉劍鋒金　甲戌乙亥山頭火
丙子丁丑澗下水　戊寅己卯城頭土
庚辰辛巳白蠟金　壬午癸未楊柳木
甲申乙酉井泉水　丙戌丁亥屋上土

戊子己丑霹靂火　庚寅辛卯松柏木
壬辰癸巳長流水　甲午乙未沙中金
丙申丁酉山下火　戊戌己亥平地水
庚子辛丑壁上土　壬寅癸卯金箔金
甲辰乙巳覆燈火　丙午丁未天河水
戊申己酉大驛土　庚戌辛亥釵釧金
壬子癸丑桑柘木　甲寅乙卯大溪水
丙辰丁巳沙中土　戊午己未天上火
庚申辛酉石榴木　壬戌癸亥大海水

六　十二支神名

子名神后爲水神　丑名大吉爲土神　寅名功曹爲木神

卯名太衝爲木神　辰名天罡爲土神　巳名太乙爲火神
午名勝光爲火神　未名小吉爲土神　申名傳送爲金神
酉名從魁爲金神　戌名河魁爲土神　亥名登明爲水神

七　十二支生肖

子屬鼠　丑屬牛　寅屬虎　卯屬兔　辰屬龍　巳屬蛇
午屬馬　未屬羊　申屬猴　酉屬鷄　戌屬狗　亥屬猪

八　十二支分類

十二支分孟仲季三類。寅申巳亥四神屬孟。子午卯酉四神屬仲。辰戌丑未四神屬季。其理由亦根據月建而來。蓋寅爲正月建。巳爲四月建。申爲七月建。亥爲十月建。俱屬孟月。卯爲二月建。午爲五月建。酉爲八月建。子爲十一月建。俱屬仲月。辰爲三月建。未爲六月建。戌爲九月建。丑爲十二月建。俱屬季月也。

九　旬空

旬空卽空亡。言一旬中所缺之地支也。蓋天干凡十。地支凡十二。以干配支。當有二支落空。此落空之二支。卽旬空也。例如從甲子起。順次配列。至癸酉。天干已全。而地支戌亥二字落空。此戌亥二字卽甲子一旬中之旬空也。今舉歌訣如左。以便記誦。

甲子旬中戌亥空　甲戌旬中申酉空　甲申旬中午未空
甲午旬中辰巳空　甲辰旬中寅卯空　甲寅旬中子丑空

旬空在壬課中。最關重要。須熟記之。

十　十二節二十四氣

一年分二十四氣。卽立春雨水驚蟄春分清明穀雨立夏小滿芒種夏至小暑大暑立秋處暑白露秋分寒露霜降立冬小雪大雪冬至小寒大寒也。每二氣合爲一節。亦卽一月也。星命卜筮家所言之月。均指節而言。卽立春後驚蟄前爲正月。驚蟄後清明前爲二月。餘可類推。每一節之第二氣。謂之中氣。

十一　生尅之命名

星命家推八字。以日干爲主。將其他七字。一一與日干相參。生日干而陰陽相異者。謂之正印。生日干而陰陽相同者。謂之偏印。爲日干所生而陰陽相異者。謂之傷官。爲日干所生而陰陽相同者。謂之食神。尅日干而陰陽相異者。謂之正官。尅日干而陰陽相同者。謂之偏官。（又名七煞）爲日干所尅而陰陽相異者。謂之正財。爲日干所尅而陰陽相同者。謂之偏財。不生不尅而陰陽相異者。謂之刦財。不生不尅而陰陽相同者。謂之比肩。六壬課式。亦以日干爲主。將課傳（課傳解釋見下篇）中各字。與之相參。所定名稱。刦與星命家不同。生日干者。謂之父母。爲日干所生者。謂之子孫。尅日干者。謂之官鬼。爲日干所尅者。謂之妻財。不生不尅者。謂之兄弟。除尅日干一項。應分陰陽相異者爲官。陰陽相同者爲鬼外。其他各項。均不論陰陽之同異如何。蓋較星命家之所定爲單簡也。例如甲乙日占。則亥子爲父母。巳午爲子孫。申酉爲官鬼。（甲日酉爲官申爲鬼乙日申爲官酉爲鬼）辰戌丑未爲妻財。寅卯爲兄弟。餘類推。

十二　年命

起課若占個人休咎。須將本人年命。加入合參。始不至舛誤。年者。行年也。命者。本命也。本命卽指所生之年。如子年生。則子爲本命。丑年生。則丑爲本命。至於行年。則男從寅上起一歲。順數至本年若干歲止。女從申上起一歲。逆數至本年若干歲止。所得之支。即行年所到之宮也。例如男命十八歲。則一歲起寅。二歲起卯。依次順數。至十八歲得未。因知行年在未也。女命十六歲。則一歲起申。二歲起未。依次逆數。至十六歲得巳。因知行年在巳也。其理由見高琇注淮南子汎論訓。茲姑不贅。

清乾隆時。越循藁晦亭。不從前說。主張男從所生年之六甲旬首。順行三位起一歲。女從所生年之六甲旬首。逆行五位起一歲。例如丁巳年生男命十八歲。則丁巳在甲寅旬中。當取旬首甲寅之寅。順數三位得辰。起一歲。巳爲二歲。午爲三歲。順次數下。至十八歲得酉。即定其行年在酉。丙午年生女命十七歲。則甲辰旬中。當取旬首甲辰之辰。逆數五位得子。起一歲。亥為二歲。戌為三歲。依次逆數。至十七歲得申。卽定其行年在申。其說雖亦有所本。然終以從高誘之說為是。

十三　遁干

六壬課傳。除日干外。皆用地支。（詳見下篇）其實每一地支。必與一天干相配。特隱而未顯耳。此隱而未顯之天干。謂之遁干。遁干有二種。一為旬干。卽占課日本旬內之干也。例如丁卯日占事。則丁卯在甲子旬中。此一旬之干支。為甲子乙丑丙寅丁卯戊辰己巳庚午辛未壬申癸酉。課傳中見子。其遁干為甲。見丑。其遁干為乙。餘可類推。又其一為時干。卽占課時之眞時與用時（眞時用時解見後）所遁之干也。起時干有歌訣如左。

甲己還生甲　乙庚丙作初　丙辛生戊子

丁壬庚子居　戊癸推壬子　時元定不虛

右歌訣俱以子時爲標準。詳以言之。卽逢甲日己日。則從甲子推起。逢乙日庚日。則從丙子推起。逢丙日辛日。則從戊子推起。逢丁日壬日。則從庚子推起。逢戊日癸日。則從壬子推起也。例如丙日已時占事。則從戊子推算至已。爲癸已。此癸卽已所遁之干也。餘類推。

十四　十干寄宮

十干自天而降於地。各有其寄居之處。甲寄寅宮。乙寄辰宮。丙戊均寄已宮。丁已均寄未宮。庚寄申宮。辛寄戌宮。壬寄亥宮。癸寄丑宮。易言以明之。卽寅中有甲。辰中有乙。已中有丙戊。未中有丁己。申中有庚。戌中有辛。亥中有壬。丑中有癸也。此爲起課時所用。必須熟習。今再括爲歌訣如左。

甲寄寅兮乙寄辰　丙戊寄巳不須論　丁己寄未庚申上
辛戌壬亥記取直　問到癸兮丑宮坐　分明不用四仲神

四仲神。卽子午卯酉也。已見前

坿十干寄宮圖

（甲圖）

（乙圖）

巳（丙戊）	午	未（丁己）	申（庚）
辰（乙）			酉
卯			戌（辛）
寅（甲）	丑（癸）	子	亥（壬）

甲圖以干爲主。圓形象天。乙圖以支爲主。方形象地。天圓地方之說。亦屬一種符號。並非謂天眞圓形。地眞方形也。蓋圓則無窮。方則有盡。取義至爲精微。近人以虛作實。斥爲於理不通。實誤解也。是不可以不辯。

十五　月將

月將者。一月之將。卽日宿太陽也。太陽入何宮。卽爲何將。太陽於每月中氣過宮。故月將亦應逢中氣而交換。正月雨水後。太陽入亥宮。乃亥將登明也。二月春分後。太陽入戌宮。乃戌將河魁也。三月穀雨後。太陽入酉宮。乃酉將從魁也。四月小滿後。太陽入申宮。乃申將傳送也。五月夏至後。太陽入未宮。乃未將小吉也。六月大暑後。太陽入午宮。乃午將勝光也。七月處暑後。太陽入巳宮。乃巳將太乙也。八月秋分後。太陽入辰宮。乃辰將天罡也。九月霜降後。太陽入卯宮。乃卯將太衝也。十月小雪後。太陽入寅宮。乃寅將功曹也。十一月冬至後。太陽入丑宮。乃丑將大吉也。十二月大寒後。太陽入子宮。乃子將神后也。

簡括言之。則正月雨水後起亥將。逆行十二支。逢中氣換將。記憶固極便也。

明姚廣孝（永樂時人出家妙智庵法名道衍習兵法宅心不正助燕王篡國屢爲張三丰祖師所侮事見三丰全書）論月將。與前說不同。以爲月將即月建之合神。（合之解釋見後）若照上法。則跨越兩月。中有半月落空。於理未合。於是別立一法。其法於每月中氣之前。本月節令之後。視月將出現之日。定其陰陽。照河圖生成之數。（河圖之數天一生水地六成之地二生火天七成之天三生木地八成之地四生金天九成之天五生土地十）

成之陽從生數。陰從成數。因其數而超之。謂之眞月將。詳舉之於左。

正月建寅。與月將登明亥合。視立春後幾日得亥。亥乃地六成數。卽超六日是辰。便從辰日亥時起亥將。

二月建卯。與月將河魁戌合。視驚蟄後幾日得戌。戌乃地四生數。卽超四日是丑。便從丑日戌時起戌將。

三月建辰。與月將從魁酉合。視清明後幾日得酉。酉乃天九成數。卽超九日是巳。便從巳日酉時起酉將。

四月建巳。與月將傳送申合。視立夏後幾日得申。申乃地四生數。卽超四日是亥。便從亥日申時起申將。

五月建午。與月將小吉未合。視芒種後幾日得未。未乃天七成數。卽超七日是丑。便從丑日未時起未將。

六月建未。與月將勝光午合。視小暑後幾日得午。午乃地二生數。卽超二日是未。便從未日午時起午將。

七月建申。與月將太乙巳合。視立秋後幾日得巳。巳乃天七成數。卽超七日是亥。便從亥日巳時起巳將。

八月建酉。與月將天罡辰合。視白露後幾日得辰。辰乃天三生數。卽超三日是午。便從午日辰時起辰將。

九月建戌。與月將太衝卯合。視寒露後幾日得卯。卯乃地八成數。卽超八日是戌。便從戌日卯時起卯將。

十月建亥。與月將功曹寅合。視立冬後幾日得寅。寅乃天三生數。卽超三日是辰。便從辰日寅時起寅將。

十一月建子。與月將大吉丑合。視大雪後幾日得丑。丑乃地六成數。卽超六日是午。便從午日丑時起丑將。

十二月建丑。與月將神后子合。視小寒後幾日得子。子乃天一生數。便從本日子時起子將。

按姚氏旣以月將爲月建之合神。則應依每月節令而交換。今仍須俟其支神出現。且再超過若干日。則仍不免有落空之日矣。其說殊矛盾不足取。姑存之以作考證之資。

十六　十二天將

十二天將者。分布於天盤天盤說見下篇十二支之將也。天乙貴人以後省稱貴人爲主。居中。前有五位。一螣蛇。二朱雀。三六合。四勾陳。五靑龍。後亦有五位。一天后。二太陰。三玄武。四太常。五白虎。與貴人相對者爲天空。合計而得十二之數。今爲便利起見。以貴人居首。列其次序如左。

(一)貴人　(二)螣蛇　(三)朱雀　(四)六合　(五)勾陳

(六)青龍　(七)天空　(八)白虎　(九)太常　(十)玄武

(十一)太陰　(十二)天后

貴人屬丑土　螣蛇屬已火　朱雀屬午火　六合屬卯木

勾陳屬辰土　青龍屬寅木　天空屬戌土　白虎屬申金

太常屬未土　玄武屬亥水　太陰屬酉金　天后屬子水

十七　起貴人法

貴人因日干之變換而移動。其他各將。亦隨之而移動。相傳起貴人之法。則有如左之歌訣。

甲戊庚牛羊　乙己鼠猴鄉　丙丁猪鷄位　壬癸兔蛇藏
六辛逢虎馬　此是貴人方
詳以言之。即逢甲日戊日庚日。貴人在丑又在未。逢乙日己日。貴人在子又在申。逢丙日丁日。貴人在亥又在酉。逢壬日癸日。貴人在卯又在巳。逢辛日貴人在寅又在午也。壬課中貴人有陰貴陽貴。又名日貴夜貴亦名旦貴夕貴之分。日間占用陽貴。夜間占用陰貴。即在卯辰巳午未申六時中起課。用陽貴。在酉戌亥子丑寅六時中起課。用陰貴。依據上訣。上一字爲陽貴。下一字爲陰貴。即遇甲戊庚日。陽貴在丑。陰貴在未也。餘可類推。
葉晦亭清人已見前著有六壬眎斯一書論貴人起例。謂世俗所傳之訣。實有謬誤。應改正如左。

甲戌兼牛羊　乙巳鼠猴鄉　丙丁猪雞位
壬癸兔蛇藏　庚辛逢虎馬　永定貴人方

按原訣甲木戊土。與乙木己土相稱。忽然插入一庚字。殊爲奇特。丙丁火壬癸水。並不分開。而庚辛忽又破例。更無理由之可尋。葉氏之訂正。頗有價值。蓋庚字與兼字。中間本相似。遞相抄授。或不免有謬誤之處。第原訣沿襲已久。未易矯正。特坿誌於此。以便研習者之採擇焉。（本書以後舉例悉從葉說）

此外尚有一法。載張純照（清嘉慶時人）所著六壬尋原中。分陰陽貴人爲二訣。與前法頗有出入。不知其何所本。治壬學者。均不宗之。併附誌於左。以資參考。

日貴人歌

甲羊戊庚牛　乙猴已鼠求　丙雞丁猪位
壬兔癸蛇游　六辛逢虎上　陽貴日中儔

夜貴人歌

甲牛戊庚羊　乙鼠已猴鄉　丙猪丁雞上
壬蛇癸兔藏　六辛逢午馬　陰貴夜時當

十八　長生等十二神

長生等十二神。隨日干而變動。與十二天將同。甲日長生在亥。乙日長生在午。丙戊日長生在寅。丁已日長生在酉。庚日長生在巳。辛日長生在子。壬日長生在申。癸日長生在卯。長生之次爲沐浴。又名敗氣又次爲冠帶。又次爲臨官。又名日祿又次爲帝旺。又次爲衰。又次爲病。又次爲死。又次爲墓。又次爲絕。又次爲胎。又次爲養。陽日依次順行十二支。如甲日長生在亥。則沐浴在子。冠帶在丑。以次順推。陰日依次逆行十二支。如乙日長生在午。則沐浴在巳。冠帶在辰。以次逆推。

坿十干長生圖

坿長生等十二神表

神別／干別	長生	沐浴	冠帶	臨官	帝旺	衰	病	死	墓	絕	胎	養
甲	亥	子	丑	寅	卯	辰	巳	午	未	申	酉	戌

乙	午	巳	辰	卯	寅	丑	子	亥	戌	酉	申	未
丙戊	寅	卯	辰	巳	午	未	申	酉	戌	亥	子	丑
丁己	酉	申	未	午	巳	辰	卯	寅	丑	子	亥	戌
庚	巳	午	未	申	酉	戌	亥	子	丑	寅	卯	辰
辛	子	亥	戌	酉	申	未	午	巳	辰	卯	寅	丑
壬	申	酉	戌	亥	子	丑	寅	卯	辰	巳	午	未
癸	卯	寅	丑	子	亥	戌	酉	申	未	午	巳	辰

長生等十二神。所以象人之終始也。應從胎處說起。胎在母腹中。養爲始生之時。長生則漸漸長成。長生之後。宜逕接冠帶。忽間以沐浴之敗氣者。則以陰陽不鬱則不舒。欲圖發展。必先有一番閉藏。亦猶復卦安靜。以養微陽之意也。由冠帶而臨官而

帝旺。至帝旺處。一生事業盡矣。於是而衰而病而死而墓而絕。五行之氣。不絕不生。絕正生死互換之交。人鬼轉關之路。故又轉爲胎焉。周而復始。循環無窮。此長生之名。所由立也。

十九　合

干支均有合。合卽化合之意也。共有三種。一爲行合。二爲干合。三爲支合。

(一)行合　行合爲五行合之簡稱。又稱三合。亥卯未合爲木。寅午戌合爲火。巳酉丑合爲金。申子辰合爲水。

(二)干合　干合又稱五合。甲與己合。化氣爲土。乙與庚合。化氣爲金。丙與辛合。化氣爲水。丁與壬合。化氣爲木。戊與癸合。化氣爲火。

甲己爲中正合。乙庚爲仁義合。丙辛爲威權合。丁壬爲淫泆合。戊癸爲無情合。

(三) 支合　支合又稱六合。子與丑合。化氣爲土。寅與亥合。化氣爲木。卯與戌合。化氣爲火。辰與酉合。化氣爲金。巳與申合。化氣爲水。午與未合。午爲太陽。未爲太陰。陰陽相調和也。其法係將子丑分開。從子逆數至未。從丑順數至午。依次相配而得。

增三種合神圖

行合圖

干合圖

支合圖

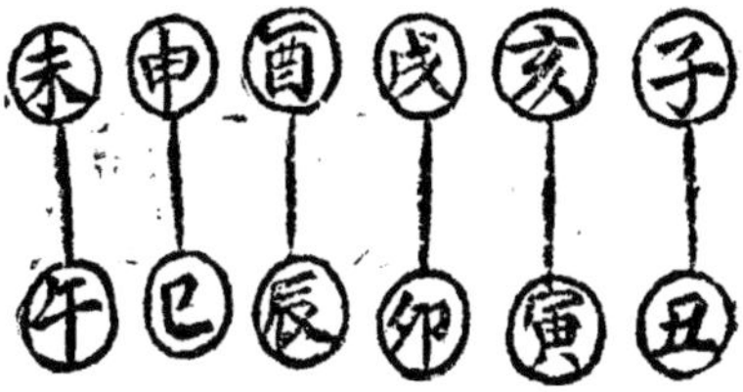

二十　刑

刑者。傷也。殘也。十二支有刑。寅刑巳。巳刑申。申刑寅。丑刑戌。戌刑未。未刑丑。是名朋刑。子刑卯。卯刑子。是名互刑。亥辰午酉無刑。是名自刑。總稱爲三刑。

坿朋刑互刑圖

朋刑圖

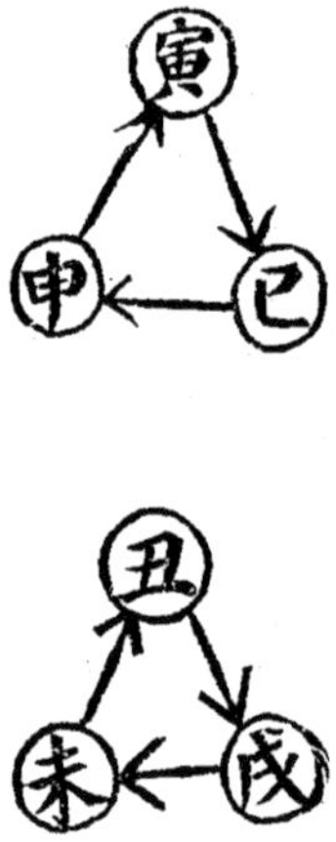

互刑圖

二十一 冲

冲者。動也。格也。十二支有冲。其法以十二支環列。相對者爲冲。卽子午相冲。丑未相冲。寅申相冲。卯酉相冲。辰戌相冲。巳亥相冲是也。

坿六冲圖

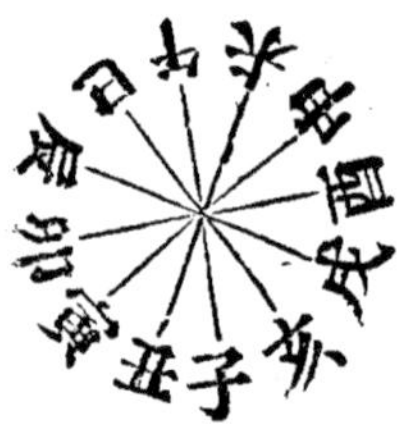

二十二破

破者。散也。移也。十二支有破。其法十二支環列。陽日破後四辰。陰日破前四辰。卽子破酉。酉破子。丑破辰。辰破丑。寅破亥。亥破寅。卯破午。午破卯。巳破申。申破巳。未破戌。戌破未是也。

坿六破圖

二十二害

害者。阻也。十二支有害。其法以十二支從辰戌兩分。自戌至卯。橫列於下。自辰至酉。逆列於上。上下相交。是爲六害。卽酉害戌。戌害酉。申害亥。亥害申。未害子。子害未。午害丑。丑害午。巳害寅。

寅害巳。辰害卯。卯害辰是也。

埘六害圖

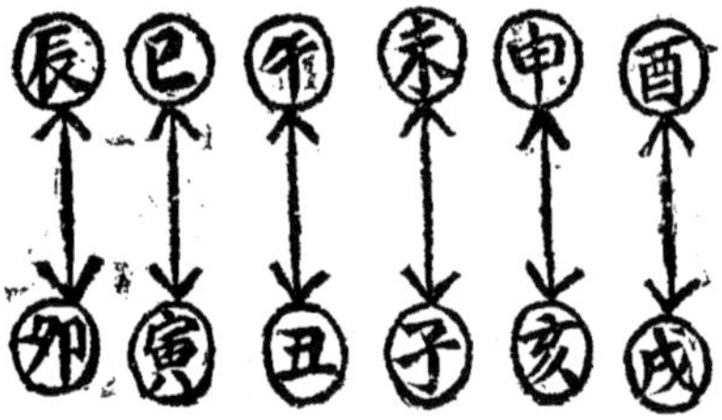

二十三 墓

墓者。伏也。沒也。十干五行均有墓。未爲甲癸之墓。戌爲丙戊乙之墓。丑爲庚丁己之墓。辰爲壬辛之墓。此名十干墓。卽前長生等十二神中之墓神也。未爲木墓。戌爲火墓。丑爲金墓。辰爲水土墓。此名五行墓。壬課中以日干爲主。悉從十干墓。不用五行墓。

二十四　德

德者。福祐之神也。計有四種。即天德月德日德（又名干德）支德是也。

（一）天德　天德隨月建而移易。其起法有左之歌訣。

正丁二坤中　三壬四辛同　五乾六甲上　七癸八艮逢
九丙十歸乙　子巽丑庚從

坤在申宮。乾在亥宮。艮在寅宮。巽在巳宮。末向子丑二字。代表十一月十二月。因十一月建子。十二月建丑故也。詳以言之。即正月天德在丁。二月天德在申。三月天德在壬。四月天德在辛。五月天德在亥。六月天德在甲。七月天德在癸。八月天德在寅。九月天德在丙。十月天德在乙。十一月天德在巳。十二月天德在庚也。

壬課中除日干外。均取地支。應將天干所寄之宮。（十干寄宮見前）爲天德所在。例如丁寄未宮。故正月天德在未。癸寄丑宮。故七月天德在丑。餘類推。茲附表於左。

月別	正	二	三	四	五	六	七	八	九	十	十一	十二
天德	未	申	亥	戌	亥	寅	丑	寅	巳	辰	巳	申

（二）月德　月德亦隨月建而移易。其起法有左之歌訣。

寅午戌月在丙　申子辰月在壬　亥卯未月在甲

巳酉丑月在庚
寅午戌指正月五月九月。蓋寅爲正月建。午爲五月建。戌爲九月建也。申子辰指三月七月十一月。亥卯未指二月六月十月。巳酉丑指四月八月十二月。可類推。詳以言之。卽正月五月九月。月德在丙。二月六月十月。月德在甲。三月七月。十一月。月德在壬。四月八月十二月。月德在庚也。壬課中亦以其所寄之宮。爲月德所在之處。坿表於左。

月別	正	二	三	四	五	六	七	八	九	十	十一	十二
月德	巳	寅	亥	申	巳	寅	亥	申	巳	寅	亥	申

（三）日德　日德隨日干而移易。　甲己日日德在寅。　乙庚

日日德在申。丁壬日日德在亥。丙辛戊癸日日德在巳。坿表於左。

日干別	甲	乙	丙	丁	戊	己	庚	辛	壬	癸
日德	寅	申	巳	亥	巳	寅	申	巳	亥	巳

(四)支德　支德隨日支而移易。子日支德在巳。丑日支德在午。寅日支德在未。卯日支德在申。辰日支德在酉。巳日支德在戌。午日支德在亥。未日支德在子。申日支德在丑。酉日支德在寅。戌日支德在卯。亥日支德在辰。簡言之。卽從子日起巳。順行十二支也。坿表於左。

日支別	子	丑	寅	卯	辰	巳	午	未	申	酉	戌	亥

支德	巳	午	未	申	酉	戌	亥	子	丑	寅	卯	辰

壬課以日干爲主。故四德中偏重日德。其他三德。不過輔助之之福神耳。不甚緊要也。

二十五 祿

祿又名日祿。卽長生等十二神中之臨官也。因其重要與日德相同。故復另行提出。坿訣於左。以便記誦。

甲祿居寅乙居卯、丙戊巳兮丁己午

庚祿居申辛居酉　壬祿居亥癸居子

坿日祿表

日干別	甲	乙	丙	丁	戊	己	庚	辛	壬	癸

日祿	寅	卯	巳	午	巳	午	申	酉	亥	子

二十六　驛馬

驛馬爲發動之要神。歲月日時中均有之。以歲論。謂之歲驛馬。以月論。謂之月驛馬。以日論。謂之日驛馬。以時論。謂之時驛馬。均依地支而移易。起法相同。如左之歌訣。

申子辰馬居寅　寅午戌馬居申
亥卯未馬居巳　巳酉丑馬居亥

詳以言之。卽逢申日子日辰日。日驛馬在寅。逢寅日午日戌日。日驛馬在申。逢亥日卯日未日。日驛馬在巳。逢巳日酉日丑日。日驛馬在亥也。其他歲月時三馬。可類推。

申子辰。寅午戌。亥卯未。巳酉丑。均爲三合。馬所居之處。適爲其首一字之沖神。故簡言之。只須記「三合頭沖爲驛馬」七字。壬課中重日馬。其他三馬。不過偶及而已。

二十七　丁神

丁神又名旬丁。亦主發動。與驛馬相類。一旬一移易。如左之歌訣。

甲子旬卯甲戌丑　甲申旬亥甲午酉
甲辰未兮甲寅巳　六旬丁神可推數

詳以言之。即甲子旬中。丁神在卯。甲戌旬中。丁神在丑。甲申旬中。丁神在亥。甲午旬中。丁神在酉。甲辰旬中。丁神在未。甲寅旬中。丁神在巳也。

丁神實卽遁干。蓋甲子旬中有丁卯。丁爲卯之遁干。故以卯爲丁神。申戌旬中有丁丑。丁爲丑之遁干。故以丑爲丁神。餘可類推。

二十八 遁五行

天干五行。遁入地支中。是名遁五行。或又稱藏與前所述之寄宮不同。有遁入一干者。亦有遁入數干者。其歌訣如左。

子宮癸水在其中　丑癸辛金己土同
寅中甲木兼丙戊　卯宮乙木獨相逢
辰藏乙戊三分癸　巳內庚金丙戊從
午宮丁火并己土　未宮乙己共丁宗
申戊庚金壬水位　酉宮辛字獨豐隆
戌宮辛金及丁戊　亥藏壬甲是眞宗

詳以言之。即子中藏癸水。丑中藏己土辛金癸水。寅中藏甲木丙火戊土。卯中藏乙木。辰中藏戊土乙木癸水。巳中藏丙火庚金戊土。午中藏丁火己土。未中藏己土乙木丁火。申中藏庚金壬水戊土。酉中藏辛金。戌中藏戊土丁火辛金。亥中藏壬水甲木也。僅藏一干者。爲純五行。兼藏數干者。謂之雜氣。

右說相傳如是。其實似有謬誤。應改正如左。

子宮藏癸水	丑宮藏己土癸水辛金	寅宮藏甲木丙火己土
卯宮藏木乙	辰宮藏戊土乙木癸水	巳宮藏丙火庚金戊土
午宮藏丁火	未宮藏己土丁火乙木	申宮藏庚金壬水己土
酉宮藏辛金	戌宮藏戊土辛金丁火	亥宮藏壬水甲木戊土

（改正之理由）　子卯午酉。旺於四仲月。居於正位。爲極旺之

時。故純粹而不相雜。丑辰未戌。旺於四季月。與四仲月相接。故丑中有餘癸水。辰中有餘乙木。未中有餘丁火。戌中有餘辛金。金墓於丑。水墓於辰。木墓於未。火墓於戌。故丑中有死辛金。辰中有死癸水。未中有死乙木。戌中有死丁火。寅巳申亥。旺於四孟月。生氣蓬勃。寅懷火，巳懷金。申懷水。亥懷木。故寅中有生丙火。巳中有生庚金。申中有生壬水。亥中有生甲木。又與四季月相接。故寅申中有餘己土。巳亥中有餘戊土。

二十九 眞時與用時

眞時者。卽起課時所值之時也。古人起課。均用眞時。後人以眞時嫌板滯。令占者隨口舉報一時。或用牙籌拈取。或用珠盤搖取。或用其他方法（方法甚多。可由占者自定之。）擇取。是名用時。卽起課時應用之時也。

結論

本篇論列干支。五行。月將。貴人。暨各種重要神煞。重要事項。凌雜無序。仍所不免。惟視坊間流行諸書。似較明晰矣。此外壬課中需用之事項尚多。神煞尤複雜而不可究詰。當於他篇中隨時插入。隨時說明。本篇不暇詳也。

壬學大成 六壬鑰 卷二

虞山蔣問天著

占法篇

本篇以占法名。卽論起課之方法也。六壬書中。對於起課之方法。非失之晦澀。卽失之簡略。若無口授。終難索解。本篇一矯其弊。逐段說明。務求明顯。不嫌辭費。仔細讀去。當無餘蘊矣。起課順序。分爲五段。(一)定地盤。(二)加天盤。(三)布十二天將。(四)起四課。(五)發三傳。

天盤地盤。猶兩儀也。從天地盤而生四課。猶兩儀生四象也。從四課而生三傳。猶四象生八卦也。

一 地盤

地盤固定不動。卽前篇十干寄宮中之下一方圖。今重爲寫出如左。以淸眉目。

地盤

		南			
	巳	午	未	申	
東	辰			酉	西
	卯			戌	
	寅	丑	子	亥	
		北			

二　天盤

天盤依月將與用時而變動。以月將加於地盤之用時上。依次順布。卽成天盤。

例一　雨水後淸明前占課。月將在亥。占者所報之時爲寅。則將亥字加於地盤寅字上。依次順布。成天盤如左。

巳	午	未	申
辰			酉
卯			戌
寅	丑	子	亥

例二　小滿後夏至前占課。月將在申。占者所報之時爲戌。則將申字加於地盤戌字上。依次順布。成天盤如左。

午	未	申	酉
巳			戌
辰			亥
卯	寅	丑	子

三　布十二天將

布十二天將之法。先觀日干。次定晝夜。然後依據前篇之起貴人法。看貴人在何字上。卽在天盤將貴人置於其字上。例如甲日晝間占課。則陽貴在丑。卽將貴人寫在天盤丑字上。丙日夜間占課。則陰貴在酉。卽將貴人寫在天盤酉字上。更舉數例。以資練習。

例一　乙日丑將。夜間占。用時爲辰。則貴人乘申臨酉。如左。

巳	午	未	申 貴
辰			酉
卯			戌
寅	丑	子	亥

例二　丁日午將。日間占。用時爲亥。則貴人乘亥臨辰。如左。

巳	午	未	申
辰			酉
卯			戌
寅	丑	子	亥貴

例三　辛日酉將。夜間占。用時爲酉。則貴人乘午臨午。如左。

申	未	貴午	巳
酉			辰
戌			卯
亥	子	丑	寅

（術語解釋）天將對於天盤言。謂之乘。對於地盤言。謂之臨。

既定貴人之位置。然後依據前篇所述十二天將之次序。依次分布於天盤。但分布時。有順布逆布（亦名順治逆治）之分。左旋者為順布。右旋者為逆布。貴人所居之處。若在地盤亥子丑寅卯辰六字上。則順布。若在地盤巳午未申酉戌六字上。則逆布。蓋亥名天門。巳名地戶。自亥經子丑等而至辰。有自上而下之象。其勢順。故順布。自巳經午未等而至戌。有自下而上之象。其勢逆。故逆。布

如上例（一）貴人乘申。在地盤亥上。例（二）貴人乘亥。在地盤辰上。均應順布。例（三）貴人乘午。在地盤午上。應逆布。如左。

（一）

寅（空）	卯（白）	辰（常）	巳（玄）
丑（青）			午（陰）
子（勾）			未（后）
亥（六）	戌（朱）	酉（蛇）	申（貴）

（二）

子（蛇）	丑（朱）	寅（六）	卯（勾）
亥（貴）			辰（青）
戌（后）			巳（空）
酉（陰）	申（玄）	未（常）	午（白）

（三）

巳（蛇）	午（貴）	未（后）	申（陰）
辰（朱）			酉（玄）
卯（六）			戌（常）
寅（勾）	丑（青）	子（空）	亥（白）

四　起四課

天盤既定。十二將既布。然後從本日干支。生出四課。干上支上。

各得兩課。壬課中又名日干爲日。日支爲辰。例如甲子日。則甲爲日。子爲辰。卽從甲起兩課。從子起兩課。合而爲四課也。起法分爲四步。如左。

第一步

先將日干寫上。然後依十干寄宮（見前篇）例。查其寄入地盤何宮。卽從其處將天盤所加之字。寫於干上。是爲第一課。

第二步

以干上所得之字。寫於日干之左。從地盤上查此字上之天盤爲何字。卽書於此字之上。是爲第二課。

第三步

將日支寫在第二課之左。與第一二課之下一字平列。然後從地盤上查得支上所加之天盤爲何字。寫於支上。是爲第三課。

第四步

與第二步相同。卽以支上所得之字。寫在支之左。從地盤上查得此字上之天盤爲何字。卽寫於此字之上。是爲第四課。

試舉例以明之。

（例） 乙丑日卯時（卽用時以後用時俱省言時）巳將。夜占。

（第一課）午乙　陰戌　玄亥　常子　丑白
（第二課）申午　后酉　寅空
（第三課）卯丑　貴申　卯青
（第四課）巳卯　蛇未　朱午　六巳　辰勾

（解） 乙寄辰宮視地盤辰上得午。寫於乙上。得午乙。是爲

第一課。次將午字寫於乙字之左。視地盤午上得申。寫於午上。得申午。是爲第二課。以上二課。由日干而得。名之爲日上兩課。

次將日支丑。寫於午字（申午之午）之左。視地盤丑上得卯。寫於丑上。得卯丑。是爲第三課。再將卯字寫於丑字之左。視地盤卯上得巳。寫於卯上。得巳卯。是爲第四課。以上二課。由日支而得。名之爲辰上兩課。

日上兩課。與辰上兩課。起法相同。惟日干多一寄宮曲折耳。

總之四課俱取天地盤相加之字。上一字爲天盤。下一字爲地盤。第一第三課。從日辰直接取得。第二第四課。則從第一第三課之上一字取得。明乎此。則知起四課之法。固極易易也。
今再舉數例於左。讀者可用上說自參之。

例一　丙子日寅時申將。夜占。

亥丙
巳亥
午子
子午

青寅　卯空　辰白　巳常
勾丑　午玄
六子　未陰
朱亥　戌蛇　酉貴　申后

例二 丁酉日丑時辰將日占。

卯	子	丑	戌
子	酉	戌	丁
六申	朱酉	蛇戌	貴亥
勾未			子后
青午			丑陰
巳空	辰白	卯常	寅玄

例三 庚申日午時午將。夜占。

申	申	申	申
申	申	申	庚
朱巳	蛇午	貴未	后申
六辰			酉陰
勾卯			戌玄
寅青	丑空	子白	亥常

五　發三傳

四課既得。乃發三傳。課式凡七百二十。歸納爲九類。發用之法。逐類而異。試分類詳細說明之。

（術語解釋）　傳字之意義。與爻字相類。壬式之有三傳。猶卦之有六爻也。第一傳名初傳。第二傳名中傳（又名次傳）第三傳名末傳。　發用即初傳之別名。用字另有解釋。詳第四篇中。

四課之中。僅有一課下賊上。或僅有一課上尅下。是爲第一類。

發用以下賊上爲主。若既有一課下賊上。則其他三課中。雖有上尅下。仍以下賊上論。

（術語解釋）　上尅下曰尅。下尅上曰賊。

四課之中。不止一課下賊上。例如二課三課乃至四課。均下賊上。或不止一課上尅下。例如二課三課乃至四課。均上尅下。而此相尅之各課中。僅有一課之上一字。與日干相比者。爲第二類。

（術語解釋）陰陽相同謂之比。日干甲丙戊庚壬屬陽。見子寅辰午申戌爲比。蓋子寅辰午申戌。亦屬陽也。陰干之比可類推。

與上第二類完全相同。而相尅各課中之上一字。不止一字與日干相比。或竟無一字與日干相比者。是爲第三類。

四課上下俱無尅。而第二第三第四課之上一字。有尅日干者。或日干有尅第二第三第四課之上一字者。是爲第四類。

四課上下俱無尅。而第二第三第四課之上一字。與日干又全無相尅。是爲第五類。

四課中兩課相同。實際僅有三課。上下俱無尅。日干與他課之上一字。又全無相尅。是爲第六類。

四課中兩兩相同。實際僅有兩課。上下均無尅。是爲第七類。

天地盤完全相合。子上仍爲子。丑上仍爲丑。餘類推。是爲第八類。

天地盤適居對冲之地位。子上得午。丑上得未。餘類推。是爲第九類。

類既分淸。然後將各類發三傳之法。依次說明於左。

第一類爲賊尅法

四課中如僅有一課下賊上。卽以此一課之上一字發用。然後從地盤視初傳上天盤所加之字爲中傳。中傳上天盤所加之字爲末傳。

四課中如無下賊上。方再查有無上尅下。如有一課上尅下。卽以此一課之上一字（不論下賊上尅發用均取上一字）發用。然後仿前法。從地盤視初傳上天盤所加之字爲中傳。中傳上天盤所加之字爲末傳。

一上尅下所得之課體。名元首。一下賊上所得之課體。名重審。

例一　丁丑日子時申將。夜占。

常	巳	兄
勾	丑	子
貴	酉	才

常	貴	朱	空
巳	酉	亥	卯
酉	丑	卯	丁

勾丑	青寅	空卯	白辰
六子			巳常
朱亥			午玄
戌蛇	酉貴	申后	未陰

（解）第一課卯木與丁火。第二課亥水與卯木。第三課酉金與丑土。均無尅。惟第四課巳火尅酉金。係上尅下。卽以巳爲初傳。查地盤巳上得丑。丑上得酉。卽以丑爲中傳。酉爲末傳。

三傳左旁之兄、子、才、三小字。爲兄弟、子孫、妻財之略號。參觀上篇生尅之命名一節卽知。

例二　甲辰日巳時午將。日占。

才	辰	六
子	巳	勾
子	午	青

青	勾	六	朱
午	巳	辰	卯
巳	辰	卯	甲

青午	空未	白申	常酉
巳			戌玄
勾六辰			亥陰
卯朱	寅蛇	丑貴	子后

（解）第一課卯甲。第三課巳辰。第四課午巳。上下均無尅。惟第二課辰卯。木尅土。係下賊上。卽以上一字辰爲初傳。查地盤辰上得巳。巳上得午。乃以巳爲中傳。午爲末傳。

第二類爲比用法

四課中不止一課下賊上。或不止一課上尅下。而相尅之各課中。僅有一課之上一字與日干相比。即以此一字發用再從初傳而得中末傳。其法與第一類同。

所得之課體名知一。

例一　甲午日未時子將日占。

蛇 子	父	
常 巳	子	
六 戌	才	

玄辰	朱亥	蛇子	空未
亥	午	未	甲

六戌	朱亥	蛇子	貴丑
勾酉			后寅
青申			陰卯
空未	白午	常巳	玄辰

（解）第一課未甲。木剋土。第二課子未。土剋水。均下賊上。第三第四課雖上剋下。但既有下賊上。則儘下賊上論。與第一類同理。未陰子陽。甲爲陽干。與子相比。即

取子爲初傳。子上得巳爲中傳。巳上得戌爲末傳。

例二 壬辰日巳時辰將。夜占。

鬼 戌 白
父 酉 常
父 申 玄

六	朱	常	白
寅	卯	酉	戌
卯	辰	戌	壬

蛇辰	貴巳	后午	陰未
朱卯			申玄
六寅			酉常
丑勾	子青	亥空	戌白

（解）第一課戌壬。土尅水。第三課卯辰。木尅土。均上尅下。戌陽卯陰。壬爲陽干。與戌相比。卽取戌爲初傳。戌上得酉爲中傳。酉上得申爲末傳。

第三類爲涉害法

四課中不止一課下賊上。或不止一課上尅下又與日干比者不止一課。或俱不與日干相比。則各就所尅之處。順數至地盤本位。以受尅多者發用。如受尅之數相等。則取在地盤四孟上之神發用。如無孟則取仲。如受尅數相等。又均在孟上。或均在仲上季上。（寅申巳亥爲孟子午卯酉爲仲辰戌丑未爲季）則剛日取日上神。柔日取辰上神發用。中末二傳。仍同前例。

凡用涉害法所得之課體。卽名涉害。而取孟上神發用者。曰見機格。取仲上神發用者。曰察微格。剛日取日上神。柔日取辰上神發用者。曰綴瑕格。

（術語解釋）天盤上十二支均。名之爲神。日上神爲日干上之神。卽第一課之上一字也。辰上神爲日支上之神。卽

第三課之上一字也。涉爲經歷之意。害爲受尅之意。涉經害者。歷受尅之處也。

例一　丁卯日丑時。亥將。日占。

貴	亥	鬼
六	酉	才
常	未	子

貴	朱	勾	空
亥	丑	卯	巳
丑	卯	巳	丁

勾卯	青辰	空巳	白午
六寅			未常
朱丑			申玄
子蛇	亥貴	戌后	酉陰

（解）第一第二課無尅。第三課丑卯。木尅土。第四課亥丑。土尅水。是二下賊上。丑亥均屬陰。與日干俱比。則以丑土由所加之卯位。順次在地盤上。歷數至地盤丑位。先逢

卯木一重尅。次經過地盤辰中寄乙木。又一重尅。共歷兩重尅。再以亥水由所加之丑位。順次在地盤上。歷數至地盤亥位。先逢丑土一重尅。次逢辰土又一重尅。次經巳中寄戊土。又一重尅。次逢未土。又一重尅。末中寄已土。又一重尅。再次逢戌土。又一重尅。共歷六重尅。六重較一重爲深。應取亥水發用。中末二傳同前例。

例二

庚子日戌時申將。夜占。

鬼	午	貴
父	辰	朱
才	寅	勾

陰	常	朱	貴
申	戌	辰	午
戌	子	午	庚

六卯	朱辰	蛇巳	貴午
勾寅			未后
青丑			申陰
子空	亥白	戌常	酉玄

（解）第一課午庚。火尅金。第二課無尅。第三課戌子。土尅水。第四課無尅。是二上尅下。午戌均屬陽。是與日干俱比。則以戌土由所加之子位。順次在地盤上。歷數至地盤戌位。先逢子水一重尅。次經地盤丑中寄癸水。又一重尅。共歷兩重尅。再以午火由地盤所加之申位。順次在地盤上。歷數至地盤午位。先逢申金一重尅。申中寄庚金。又一重尅。次經酉金。又一重尅。再經戌中寄辛金。又一重尅。共歷四重尅。四重較兩重爲深。應取午火發用。中末二傳同前例。

右列二例。爲涉害淺深不等。取其深者發用之式。

例三　丙子日辰時亥將。日占。

六寅	常未	常未	蛇子
未	子	子	丙

蛇子　鬼
常未　子
六寅　父

蛇子	朱丑	六寅	勾卯
貴亥			辰青
后戌			巳空
酉陰	申玄	未常	午白

（解）此課四上尅下。第二課與第三課未土。與日干不比。可置而不論。第一課子。第四課寅。均與日干相比。先取子水。由所加之巳位。順次在地盤上歷數至地盤子位。先逢巳火一重尅。巳中寄丙火。又一重尅。次經午火。又一重尅。再經未中寄丁火。又一重尅。共歷四重尅。次取寅木。由所加之未位。順次在地盤上歷數至地盤寅位。先

逢未土一重尅。未中寄己土。又一重尅。次經戌土。又一重尅。再經丑土。又一重尅。亦共歷四重尅。是謂涉害淺深相等。而子在孟神巳上。寅在季神未上。當取巳上子發用。中末二傳同前例。

右例爲涉害淺深相等。而取孟上神發用之式。卽見幾格也。

例四 庚午日午時未將。日占。

父 辰 陰
兄 申 空
子 子 朱

青	勾	陰	朱
寅	戌	辰	子
戌	午	子	庚

青	勾	六	朱
酉	戌	亥	子
空 申			丑 蛇
白 未			寅 貴
午	巳	辰	卯
常	玄	陰	后

（解）第二第四課。均上尅下。辰寅均與日干相比。先取辰土由所加之子位。在地盤上順次歷數至地盤辰位。先逢子水一重尅。次經丑中寄癸水。又一重尅。共兩重尅。次取寅木由所加之戌位。在地盤上順次歷數至地盤寅位。先逢戌土一重尅。次經丑土。又一重尅。亦兩重尅。是涉害深淺相等。而辰在子上。寅在戌上。子爲仲神。戌爲季神。無一在孟神上者。則舍季而取仲。當取子上辰發用。中末二傳同前例。

右例爲涉害深淺相等。而取仲上神發用之式。卽察微格也。

例五　戊辰日亥時午將日占。

蛇	子	才
空	未	兄
后	寅	鬼

白	朱	空	蛇
午	亥	未	子
亥	辰	子	戌

蛇子	貴丑	后寅	陰卯
朱亥			辰玄
六戌			巳常
酉勾	申青	未空	午白

（解）第一第三第四課。均下賊上。第三課亥。與日干不比。可置而不論。第一課子。第四課午。均與日干相比。先取子水由所加之巳位。順次在地盤上歷數至地盤子位。先逢巳中寄戊土。一重尅。次經未土。又一重尅。未中寄己土。又一重尅。再次經戌土。又一重尅。共歷四重尅。次取

午火由所加之亥位。順次在地盤上歷數至地盤午位。先逢亥水。一重尅。亥中寄壬水。又一重尅。次經子水。又一重尅。再次經丑中寄癸水。又一重尅。亦共歷四重尅。是涉害深淺相等。而子在巳上。午在亥上。巳亥又均屬孟神。查戊係陽干。（卽剛日）則當取日上子發用。中末二傳。同前例。

右例爲涉害深淺相等。又俱在孟神上。剛日取日上神發用之式。卽綴瑕格也。

細查七百二十課中。屬於綴瑕格者。僅此一課。至於俱仲俱季云云。徒有其法。並無課式可舉也。

第四類爲遙尅法

四課無尅賊。則取第二第三第四課上之神。遙尅日干者發用。若無一尅日干者。則取日干所尅第二第三第四課上之神發用。若有兩神尅日干。或日干尅兩神。則取與日干比者發用。如既有神尅日干。復有日干尅神。則儘神尅日干。而舍日干尅神。中末二傳取法。仍依前例。

神尅日干之課體。名蒿矢。日干尅神之課體。名彈射。

例一　壬辰日寅時巳將。夜占。

青	戌	鬼
常	丑	官
后	辰	鬼

青	朱	陰	玄
戌	未	卯	寅
未	辰	寅	壬

六 申	勾 酉	青 戌	空 亥
朱 未			子 白
蛇 午			丑 常
巳 貴	辰 后	卯 陰	寅 玄

（解）四課上下俱無尅。第三課上未土。第四課上戌土。均遙尅日干壬水。戌屬陽。未屬陰。壬為陽干。與戌相比。則應取戌發用。中末二傳同前例。

例二　壬申日申時亥將。日占。

才	巳	朱
父	申	青
兄	亥	常

后	常	朱	后
寅	亥	巳	寅
亥	申	寅	壬

青 申	空 酉	白 戌	常 亥
勾 未			子 玄
六 午			丑 陰
巳 朱	辰 蛇	卯 貴	寅 后

（解）四課上下俱無尅。第二第三第四課上之神。又無一遙尅日干者。而日干壬水却遙尅第二課上神巳火。則應

取巳發用。中末二傳同前例。

以上四類。發用之法雖。各不同而。中末二傳。則用同一方法產出。以下五類。則須另闢塗徑矣。

第五類爲昴星法

四課無尅賊。又無遙尅。則陽日取地盤酉上之神發用。陰日取天盤酉下之神發用。至於中末二傳。則陽日取辰上神爲中傳。日上神爲末傳。陰日取日上神爲中傳。辰上神爲末傳。所以名爲昴星者。因酉宮有昴宿故也。（昴在酉宮參觀下篇二煩課）陽日所得之課體。名虎視格。陰日所得之課體。名冬蛇掩目格。

例一　戊申日酉時戌將。日占。

兄	戌	玄
父	午	青
子	酉	常

玄	常	空	青
戌	酉	未	午
酉	申	午	戊

	青	空	白	常	
	午	未	申	酉	
勾	巳			戌	玄
六	辰			亥	陰
	卯	寅	丑	子	
	朱	蛇	貴	后	

（解）四課全無尅。又無遙尅。戊係陽日。則視地盤酉上得戌。即取戌發用。以辰上神酉好中傳。日上神午爲末傳。此即虎視格也。

例二　丁亥日寅時巳將。夜占。

勾巳	白寅	常丑	后戌
寅	亥	戌	丁

兄 午 六
子 戌 后
父 寅 白

勾申	白酉	常戌	后亥
朱未			子玄
六午			丑常
巳勾	辰青	卯空	寅白

（解）四課全無尅。又無遙尅。丁係陰日。則視天盤酉下得午即取午發用。以日上神戌爲中傳。辰上神寅爲末傳。此即冬蛇視目格也。

第六類爲別責法

四課無尅賊。又無遙尅。而四課中有二課相同。實際僅有三課。則陽日取干合上神爲用。如戊日合癸。癸寄於丑。則取地盤丑上之神發用。丙日合辛。辛寄於戌。則取地盤戌上之神發用是也。陰日取支前三合神爲用。支前三合云者。卽在三合中。取日支之前一字也。譬如申子辰爲三合。若日支爲申。則子爲其前一字。日支爲子。則辰爲其前一字。日支爲辰。則周而復始。申爲其前一字也。中末二傳。不論陰日陽日。均取日上神。所以名爲別責者。因分別陰陽。責取一合神爲用故也。

例一 丙辰日卯時辰將。日占。

青	空	勾	青
午	巳	未	午
巳	辰	午	丙

貴	亥	官
青	午	兄
青	午	兄

青午	勾未	六申	朱酉
空巳			戌蛇
白辰			亥貴
卯常	寅玄	丑陰	子后

（解）第一課與第四課相同。僅有三課。既無尅賊。又無遙尅。丙爲陽日。丙與辛合。辛寄於戌。視地盤戌上得亥。卽以亥發用。中末二傳。均取日上神午。

例二　辛酉日丑時戌將。日占。

父　丑　后
兄　酉　白
兄　酉　白

青　空　空　白
未　申　申　酉
申　酉　酉　辛

朱　六　勾　青
辰　巳　午　未
蛇卯　　　　申空
貴寅　　　　酉白
丑　子　亥　戌
后　陰　玄　常

（解）第二第三課相同。僅有三課。既無賊尅。又無遙尅。辛爲陰日。日支酉之三合爲巳酉丑。其前一字爲丑。當取丑發用。中末二傳。仍均取日上神酉。

按壬課中屬於別責者。僅有九課。戊午戊辰丙辰丁酉辛酉五日。各有一課。辛丑辛未二日。各有二課。

第七類爲八專法

干支同位。（如甲寅癸丑等日是蓋甲寄於寅癸寄於丑也）則日上所以得兩課。與辰上所得兩課相同。四課僅有兩課。若有賊尅。則仍照賊尅例發用。如無賊尅。（遙尅無效）則剛日取日上陽神。順數至第三字發用。例如日上陽神爲丑。則順數至第三字得卯。日上陽神爲戌。則順數至第三字得子。柔日取辰上陰神。逆數至第三字發用。例如辰上陰神爲午。則逆數至第三字得辰。辰上陰神爲丑。則逆數至第三字得亥。中末二傳。與別責法同。不論剛日柔日。均取日上神。所以名爲八專者。因日上兩課。與辰上兩課相同。八字并爲四字。主客不分。如八家同井。專一而無辨別之故也。

（術語解釋）日上兩課。辰上兩課。各分陰陽。第一課爲日之陽神。第二課爲日之陰神。第三課爲辰之陽神。第四課爲辰之陰神。日上陽神。卽日之陽神。第一課之上一字也。辰上陰神。卽辰之陰神。第四課之上一字也。

例一　甲寅日辰時丑將日占。

陰亥	白申	陰亥	白申
甲	亥	寅	亥

貴丑　才
陰亥　父
陰亥　父

勾巳　青午　空未　白申
六辰　　　　　　常酉
朱卯　　　　　　玄戌
蛇寅　貴丑　后子　陰亥

（解）上下無賊剋。雖有申金。遙剋日干甲木。因干支同位。四課僅得兩課。不能照遙剋法發用。甲係剛日。當將第一課之上一字亥。順數至第三字得丑。卽以丑爲用。中末二傳。均取日上神亥。

例二　丁未日丑時辰將夜占。

鬼	亥	陰
子	戌	后
子	戌	后

常	后	常	后
丑	戌	丑	戌
戌	未	戌	丁

蛇申	貴酉	后戌	陰亥
朱未			子玄
六午			丑常
巳勾	辰青	卯空	寅白

（解）上下無賊剋。干支同位。四課僅得兩課。丁係柔日。當取

第四課之上一字丑。逆數至第三字得亥。卽以亥爲用。中末二傳。仍均取日上神戌。

例三　己未日未時酉將。日占。

六酉己　蛇亥酉　六酉未　蛇亥酉

六酉子
六酉子
六酉子

朱戌　亥蛇　子貴　丑后
六酉　寅陰
勾申　卯玄
青未　午空　巳白　辰常

（解）法同例二。不再贅。惟三傳同爲日上神。七百二十課中。僅有此一課。厥名獨足格。特表而出之。

按八專課。僅甲寅庚申己未丁未四日有之。因此四日。均

干支同位。而不相賊尅故也

第八類爲伏吟法

天地盤相合。若第一課有賊尅。仍照賊尅法發用。如第一課無賊尅。則剛日取日上神。柔日取辰上神發用。至於中傳。則不論賊尅不賊尅。均取初傳之刑。末傳則取中傳之刑。例如初傳爲巳。則巳刑申。申刑寅。當以申爲中傳。寅爲末傳。若初傳係自刑。則日上神發用者。取辰上神。辰上神發用者。取日上神爲中傳。中傳非自刑。末傳仍取中傳之刑。中傳復自刑。則取中傳所沖爲末傳。不復論刑矣。所以名爲伏吟者。因天地盤各神。伏而不動。有伏處呻吟之象故也。

剛日無尅。而三傳遞刑者。名自任格。柔日無尅。而三傳遞刑者。名自信格。初傳自刑者。名杜傳格。

例一　癸酉日酉時酉將。日占。

空	空	陰	陰
酉	酉	丑	丑
酉	酉	丑	癸

鬼　丑　陰
官　戌　白
鬼　未　勾

朱巳	六午	勾未	青申
蛇辰			酉空
貴卯			戌白
寅后	丑陰	子玄	亥常

（解）天地盤同位。第一課上尅下。仍照賊尅法。取丑爲用。丑刑戌。戌刑未。故以戌爲中傳。未爲末傳。

例二　丙辰日亥時亥將。夜占。

(勾)巳	兄
(蛇)申	才
(白)寅	父

(青)辰	(青)辰	(勾)巳	(勾)巳
辰	辰	巳	丙

(勾)巳	(六)午	(朱)未	(蛇)申
(青)辰			酉(貴)
(空)卯			戌(后)
寅(白)	丑(常)	子(玄)	亥(陰)

（解）天地盤同位。第一課無尅。丙係剛日。當取日上神巳發用。巳刑申。申刑寅。故以申爲中傳。寅爲末傳。此即自任格也。

例三　丁丑日戌時戌將。日占。

子	丑	朱
子	戌	后
子	未	常

朱	朱	常	常
丑	丑	未	未
丑	丑	未	丁

空巳	白午	常未	玄申
青辰			酉陰
勾卯			戌后
寅六	丑朱	子蛇	亥貴

（解）天地盤同位。第一課無尅。丁係柔日。當取辰上神丑發用。丑刑戌。戌刑未。故以戌爲中傳。未爲末傳。此即自信格也。

例四　乙卯日申時申將。日占。

才　辰　勾
兄　卯　六
父　子　貴

六	六	勾	勾
卯	卯	辰	辰
卯	卯	辰	乙

青巳　空午　白未　常申
勾辰　　　　　　　酉玄
六卯　　　　　　　戌陰
朱寅　蛇丑　貴子　后亥

（解）天地盤同位。第一課下賊上。仍照賊尅法。取辰發用。辰係自刑。在日上。當取辰上神卯爲中傳。卯刑子。取子爲末傳。此杜傳格也。

例五　壬辰日丑時丑將。日占。

兄　亥　常
鬼　辰　蛇
鬼　戌　蛇

蛇	蛇	常	常
辰	辰	亥	亥
辰	辰	亥	壬

朱巳	六午	勾未	青申
蛇辰			空酉
貴卯			白戌
后寅	陰丑	玄子	常亥

（解）天地盤同位。第一課無尅。遙尅不取。壬係剛日。當取日上神亥發用。亥係自刑。當取辰上神辰為中傳。辰又係自刑。則取辰之冲神戌為末傳。此亦杜傳格也。

按伏吟課每日有一課。共有六十課。除乙日癸日有尅外。其他均無尅。

第九類為返吟法

天地盤適居冲位。若有賊尅。仍照賊尅比用涉害等法發用。遙尅不取中末傳取法。亦無特異之點。如無賊尅。則丑日取亥發用。未日取巳發用。無賊尅僅有丑及未二日是名井欄射。均以辰上神爲中傳。日上神爲末傳。所以名爲返吟者。因彼此相冲。有返覆呻吟之象故也。

有尅賊者名無依格。無尅賊者名無親格。

例一　庚戌日寅時申將。日占。

才	寅	貴
兄	申	空
才	寅	貴

勾	陰	空	貴
戌	辰	申	寅
戌	戌	寅	庚

六亥	朱子	蛇丑	貴寅
勾戌			卯后
青酉			辰陰
申空	未白	午常	巳玄

（解）天地盤各居冲位。第一課下賊上。則仍依賊尅法。取寅發用。寅上得申。爲中傳。申上復得寅。爲末傳。此卽無依格也。

例二　辛丑日巳時亥將。日占。

六	亥	子
白	未	父
陰	辰	父

蛇	白	勾	陰
丑	未	戌	辰
未	丑	辰	辛

六亥	朱子	蛇丑	貴寅
勾戌			卯后
青酉			辰陰
申空	未白	午常	巳玄

（解）天地盤各居冲位。各課均無尅。查係丑日。當取亥發用。以辰上神未爲中傳。日上神辰爲末傳。此無親格也。

例三　辛未日丑時未將。日占。

鬼	巳	玄
父	丑	蛇
父	辰	陰

白	蛇	勾	陰
未	丑	戌	辰
丑	未	辰	辛

六亥	朱子	蛇丑	貴寅
勾戌			卯后
青酉			辰陰
申空	未白	午常	巳玄

（解）天地盤各居冲位。各課均無尅。查係未日。當取巳發用。以辰上神丑爲中傳。日上神辰爲末傳。亦無親格也。

返吟亦每日有一課。共有六十課。無賊尅者。僅有六課。卽丁未己未辛未丁丑己丑辛丑六日也。其中丁未己丑二課。又可列入八專類。起法雖不同。而結果則同。

上列九法。詳加演繹。不免煩瑣。今用歸納法。括爲歌訣。以便記誦」

（一）賊尅訣

取課先從下賊呼　如無下賊上尅初
初傳之上中傳取　中傳之上末傳居

（二）比用訣

賊尅或不止一課　知一之法須先明
擇與日干比者用　陽日用陽陰用陰

（三）涉害訣

涉害行來本家止　路逢多尅初傳取
孟深仲淺季當休　復等柔辰剛日擬

（四）遙尅訣

四課無尅取遙尅　日與神兮遞互招
先取神遙尅其日　如無方取日來遙
遙尅或者有兩神　擇與日比爲初爻

(五)昴星訣

無遙無尅昴星論　陽仰陰俯酉位參
中末二傳須記取　日上神與辰上神
剛日先辰而後日　柔日先日而後辰

(六)別責訣

四課不全三課備　無遙無尅別責例
剛日干合上頭神　柔日支前三合寄
中末皆歸日上神　剛柔二日初無異

（七）八專訣

兩課無尅號八專　陽日日陽三位前
陰日辰陰逆三位　中末總向日上眠

（八）伏吟訣

伏吟有尅仍爲用　無尅剛干柔取辰
初傳所刑爲中傳　中傳所刑末傳存
若是自刑爲發用　中傳顚倒日辰尋
中傳更復自刑者　末取中冲不論刑

（九）返吟訣

返吟有尅亦爲用　無尅別有井欄名
丑日用亥未用巳　辰中日末容易尋

壬學大成 六壬鑰 卷三

虞山蔣問兗著

課體篇

壬課凡七百二十。大別爲九式。具如前篇所述。若細分之。則得六十四種。與易六十四卦相配。是名課體。卽課之格局也。惟一課不必限於一體。譬如旣爲元首。或同時又爲三光三陽之類。論斷時應依何體。當視所占之事而定。不能拘泥也。

一 元首課

一上尅下。厥名元首。統乾之體。元亨利貞之象也。

(例) 壬申日寅時卯將晝占

陰 丑 官	后 寅 子	貴 卯 子	

戌	空 酉	丑	玄 子
酉	申	子	壬

六 午	勾 未	青 申	空 酉
朱 巳			戌 白
蛇 辰			亥 常
卯 貴	寅 后	丑 陰	子 玄

(解)第一第三第四課無尅。第二課丑子。係上尅下。是爲一上尅下。爲九宗之元。六十四課之首。故名元首。

(課象略釋)　婚姻和諧。課爲順利。孕育生男。兵訟客勝。官職首權。經商獲利。如日辰用神(即發用)年命。值旺相氣。乘吉將。且又爲富貴，龍德，時太，三光，三陽，官爵(約見後)等吉課則有乾之九五。飛龍在天之象。

此課大體雖吉。然或得凶神惡將。三傳不順。反主下順上而上不從。又或上乘休囚死氣。下卻旺相德合。反主上雖制下而下不受制。卽不能以吉課論矣。

二　重審課

一下賊上。厥名重審。統坤之體。柔順利貞之象也。

（例）辛卯日辰時卯將夜占

丑	勾寅	申	玄酉
寅	卯	酉	辛

父	丑	青
子	子	空
子	亥	白

朱辰	蛇巳	貴午	后未
六卯			申陰
勾寅			酉玄
丑青	子空	亥白	戌常

（解）第一第二第三課無尅。僅第四課下賊上。是爲一下賊上。下犯上爲逆徵。事有可虞。須再三詳審。故名重審。

（課象略釋） 事宜後起。禍從內生。用兵主勝。受孕女形。諸般謀望。先難後成。大要貴人順治（即順布）者吉。貴人逆治者凶。初傳墓絕。末傳生旺者吉。初傳生旺。末傳墓絕者凶（生旺墓絕均指日干而言）末傳尅初傳者吉。初傳尅末傳者凶。末傳如乘天月德等吉神。自可化凶爲吉也。

三 知一課

尅賊重重。僅有一課與日干相比。厥名知一。統比之體。去讒任賢之象也。

（例） 癸亥日申時巳將晝占

陰巳才
蛇寅子
勾亥兄

巳	白申	未	青戊
申	亥	戊	癸

蛇寅	貴卯	后辰	陰巳
朱丑			午玄
六子			未常
亥勾	戌青	酉空	申白

（解）第一第四課均上尅下。巳與癸比。戊與癸不比。二爻皆動。事有兩歧。必須擇一善者而用之。故名知一。

（課象略釋）事起同類。禍從外來。失物尋人。俱在鄰近。兵訟宜和。凡事狐疑不決。

此課大體。舍遠就近。舍疏就親。爲恩中有害之象。

四　涉害課

尅賊重重。與日干俱比。或俱不比。厥名涉害。統坎之體。苦盡甘來之象也。

（例）己丑日亥時卯將夜占

子	酉	蛇
兄	丑	青
父	巳	玄

酉	玄巳	卯	六亥
巳	丑	亥	巳

蛇酉	朱戌	六亥	勾子
貴申			丑青
后未			寅空
午陰	巳玄	辰常	卯白

（解）第一第四課均下賊上。酉與亥俱與日干相比。各經歷地盤。數至本位。取其受尅深者爲用。有涉編險阻艱難之意。故名涉害。

（課象略釋）風波險惡。度涉艱難。謀爲名利。多費機關。婚姻有阻。疾病難安。胎孕遲滯。行人未還。受尅深。災深難解。受尅淺。災淺易解。事雖難而終成。又上尅下憂輕。下賊上憂重。神將吉憂輕。神將凶憂重。受尅深淺相等。則取孟上神發用。名見機格。

（例）丁亥日卯時亥將晝占

常	未	子
勾	卯	父
貴	亥	鬼

常		勾	
卯	未	亥	卯
未	亥	卯	丁

朱 丑	六 寅	勾 卯	青 辰
蛇 子			巳 空
貴 亥			午 白
戌 后	酉 陰	申 玄	未 常

（解）第三第四課均上尅下。俱與日干相比。就涉害論。各受四重尅。深淺相等。而末在孟神亥上。卯在季神未上。則舍季而取孟。孟爲時令之首。一季之氣候。悉已胚胎。如事之初起。禍福藏焉。須見機審愼而後可。故名見機。

（課象略釋）利涉大川。有孚貞吉。動作見機。不俟終日。名利難遂。胎孕未實。疑事急攻。猶豫有失。神將吉則斷爲吉。神將凶則斷爲凶。若魁罡加日辰主官事將起。

受尅深淺相等。而無一在孟上者。則取仲上神發用。名察微格。

（例）　辛未日卯時申將夜占

后巳 鬼
勾戌 父
玄卯 才

巳	空子	申	玄卯
子	未	卯	辛

勾	青	空	白
戌	亥	子	丑
六 酉			寅 常
朱 申			卯 玄
未	午	巳	辰
蛇	貴	后	陰

(解)第一第三第四課均下賊上。除第三課與日不比。當然排除外。第一課卯。第四課巳。均與日干相比。涉害淺深又相等。而巳在仲神子上。卯在季神戌上。無一在孟神上者。當取仲上巳發用。蓋孟爲生地。生處見尅。受害獨深。由孟及仲。害漸淺而微矣。故名察微。

(課象略釋)笑中有刀．蜜中有砒。人情陰險。須察其微。若魁罡加日辰。主孕婦難產。

受尅深淺相等。而又同在孟上。或同在仲上。則剛日取日上神。柔日取辰上神發用。名綴瑕格。

(例) 戊辰日子時未將晝占

午	朱亥	未	蛇子
亥	辰	子	戌

才	子	蛇
兄	未	空
貴	寅	后

蛇子	貴丑	后寅	陰卯
朱亥			辰玄
六戌			巳常
酉勾	申青	未空	午白

(解)第一第四課下賊上。俱與日干比。受尅深淺相等。而又同在孟上。二物相並。深中取先。高中取捷。如冠上之綴

瑕玉。故名綴瑕。

（課象略釋）兩雄交爭。經延歲月。人衆牽連。災耗不絕。君子宜親。小人當黜。胎孕逾期。行人無息。若月建吉神入傳。日辰有氣。事雖延滯。可望有成。

五　遙尅課

四課無尅賊。取神遙尅日。或日遙尅神發用。厥名遙尅。統睽之體。狐假虎威之象也。

神遙尅日發用。名蒿矢格。

（例）丙戌日未時辰將夜占

陰		青	
辰	未	亥	寅
未	戌	寅	丙

官　亥　朱
才　申　后
兄　巳　常

青 寅	空 卯	白 辰	常 巳
勾 丑			午 玄
六 子			未 陰
亥 朱	戌 蛇	酉 貴	申 后

(解)四課無尅。取第二課亥水尅日干丙火爲用。遠神尅日。緩而且輕。如折蒿爲矢。力弱難傷。故名蒿矢。

(課象略釋)始有凶勢。久而漸休。憂喜未實。文　虛謀。凡事憂在西南。喜在西北。利主不利客。利小不利大。神將凶。日辰無氣。主盜賊陰謀。神將吉。日辰有氣。則干貴有喜。行人來。訪人見。

日遙尅神發用。名彈射格。

（例）丁酉日申時未將晝占

	常未	申玄	酉陰	戌后
	白午			亥貴
	空巳			子蛇
	青辰	勾卯	六寅	丑朱

未	玄申	巳	白午
申	酉	午	丁

才	玄	申
子	常	未
兄	白	午

（解）四課無尅。取日干丁火尅第三課申金爲用。我去尅他。相隔甚遠。如打彈丸。不易射中。故名彈射。

（課象略釋）用兵客利。事宜後爲。訪人不見。行人未歸。空亡發用。動作尤虛。如神將凶。帶刑害。貴人逆治。主有寃仇盜賊。凶象如神將遇德合。貴人順治。則主親朋和悅。吉象。

蒿矢彈射二課。俱主遠事。虛而不實。卽有成就。亦屬虛名虛利若帶金土煞。則能傷人。蓋蒿矢見金爲有鏃。彈射見土爲有丸。主驀然有災。若三傳見空亡。又名遺鏃失丸。不能成事。禍福俱輕。

遙尅有遠射近射之分。第二課發用爲近射。凶勢略大。第三課第四課發用爲遠射。凶勢漸小。第三課尚有力。第四課則無力矣。

六、昴星課

四課無尅賊。又無遙尅。厥名昴星。統履之體。虎狼當道之象也。

剛日昴星課。仰視地盤酉上神爲用。以辰上神爲中傳。日上神

爲末傳。名虎視格。一名虎視轉蓬

（例）戊寅日午時戌將夜占

后		朱	
戌	午	丑	酉
午	寅	酉	戌

兄	丑	空
父	午	后
才	酉	朱

朱酉	六戌	勾亥	青子
蛇申			丑常
貴未			寅白
午后	巳陰	辰玄	卯常

（解）四課無尅。又無遙尅。戊日係剛日。則取地盤酉上丑爲用。酉屬西方白虎。如虎之仰視。故名虎視。

（課象略釋）關梁閉塞。津渡稽留。禍從外起。守靜無憂。此課如日辰用神囚死。罡乘死氣。參觀附錄月神煞表蛇虎入傳。大凶。病者死。訟者入獄。若日用旺相。則減凶。

柔日昴星課。俯視天盤酉下神爲用。以日上神爲中傳。辰上神爲末傳。名冬蛇掩目格。

（例） 丁卯日亥時申將夜占

辰(白)	丑	戌(蛇)	未
丁	辰	丑	戌

巳(常)	午(玄)	未(陰)	申(后)
辰(白)			酉(貴)
卯(空)			戌(蛇)
寅(青)	丑(勾)	子(六)	亥(朱)

官	子	六
子	辰	白
子	戌	蛇

（解） 四課無剋。又無遙剋。丁日係柔日。則取天盤酉下子爲用。柔日屬陰。陰性從地。女子氣沉。俯視之。如冬日蛇之掩目。故名冬蛇掩目。

（課象略釋）　進退失據。暗昧不明。訪人不見。作事難成。行人淹滯。逃亡隱形。此課如螣蛇入傳。主多怪夢。申加卯爲車輪倒斲。傳中見玄武。凶甚。惟午加卯爲明堂。主萬事昌隆。縱遇衰敗凶神。亦能化凶爲吉。

昴星課。剛日本乎天者親上。故終傳歸干上。從天類也。柔日本乎地者親下。故終傳歸支上。從地類也。

七　別責課

三課無尅賊。又無遙尅。厥名別責。統口之體。逡巡不進之象也。

此課卦體不明。姑闕疑。

（例）　辛丑日酉時子將晝占

后丑　辛
辰　丑
朱辰　丑
未　辰

六　巳　鬼
后　丑　父
后　丑　父

玄亥　子陰　丑后　寅貴
常戌　・　卯蛇
白酉　・　辰朱
空申　青未　勾午　巳六

(解)三課無尅賊。又無遙尅。辛日係柔日。則取支三合巳酉丑中支前一字巳爲用。中末傳俱歸日上。此係四課不備。分別日之剛柔。責取一合神爲用。故名別責。

(課象略釋)謀爲欠正。財物不全。臨兵選將。欲渡尋船。求婚另娶。胎孕多延。此課主凡事倚仗他人。借徑而行。吉凶不能自主。若占家庭事。主閨房淫亂。

八　八專課

干支同位。無尅賊厥名八專。統同人之體。協力同心之象也。

(例) 己未日戌時酉將夜占

鬼 卯 青
父 午 朱
父 午 朱

朱午　巳　朱午　巳
巳　午　未　午

蛇未 申貴 酉后 戌陰
朱午　　　　亥玄
六巳　　　　子常
勾辰 卯青 寅空 丑白

(解) 己寄未宮。干支同位。四課併爲二課。且無尅賊。己日係柔日。則取辰之陰神巳。逆行三位。得卯爲用。中末傳俱歸日上。蓋八字幷爲四字。主客不分。如八家同井。專一而無辨別。故名八專。

〔課象略釋〕二人同心。其利斷金。將兵多勝。失物內尋。剛日爲尊長欺卑幼。主事超進迅速。柔日爲妻奴背夫主。主事退縮遲緩。占婚姻及進人口。主口舌分離。占憂喜事俱重疊。若逢天乙龍常吉將及天月二德。則主同人協力。衆輕易舉。吉象也。

八專課遇天后六合入傳。名帷薄不修格。

（例）己未日丑時亥將夜占

白	丑	兄
六	巳	父
六	巳	父

六巳	卯	六巳	卯
未	巳	未	巳

朱午	六巳	勾辰	青卯
蛇未			雀寅
貴申			丑
后酉	陰戌	玄亥	常子

（解）八專課陰陽共處。男女混雜。又遇后合陰私之將。淫亂尤甚。故名帷簿不修。

（課象略釋）嫂通其叔。妹私其兄。家庭醜行。防範無從。

八專課三傳俱歸日上。名獨足格。

（例）己未日未時酉將晝占

六酉　亥　六酉　亥
己　　酉　未　　酉

朱戌　亥蛇　子貴　丑后
六酉　　　　　　　寅陰
勾申　　　　　　　卯玄
青未　午空　巳白　辰常

六酉子
六酉子
六酉子

（解）三傳相同。毫無變動。如獨足難行。故名獨足。

（課象略釋）移動維艱。謀為費力。遠行宜舟。占胎不結。凡八專課末傳遇空亡者。亦作獨足格斷。

九　伏吟課

十二神各居本位。厥名伏吟。統艮之體。守舊待新之象也。

（例）癸未日午時午將夜占

勾丑癸
丑丑
陰未未
未未

玄申　常酉　白戌　空亥
陰未　青子
后午　勾丑
貴巳　蛇辰　朱卯　六寅

勾丑　鬼
白戌　官
陰未　鬼

（解）天地盤完全相合。第一課上剋下。仍照賊剋法發用。中傳取初傳之刑。末傳取中傳之刑。十二神各居本家。伏而不動。只有呻吟愁歎而已。故名伏吟。

（課象略釋）考試及第。求名榮歸。病憂土怪。訟爭田廬。春冬災淺。秋夏勢危。律身謹愼。動作無虞。凡事主屈而不伸。靜中思動。

伏吟課無尅賊。剛日取日上神爲用。中末傳遞取刑。名自任格。

（例）庚辰日午時午將夜占

辰	朱辰	申	陰申
辰	辰	申	庚

蛇巳	貴午	后未	陰申
朱辰			酉玄
六卯			戌常
寅勾	丑青	子空	亥白

兄申陰
才寅勾
官巳蛇

（解）伏吟無尅。庚日係剛日。取日上神申爲用。中末傳仍取刑。此天地神不動不尅。無所取擇。自任其己之剛。進用於時。故名自任。

（課象略釋）任己剛暴。必成過愆。行人立至。逃亡眼前。胎孕聾啞。禍患流連。若發用旺相。傳中見驛馬。主待時而動。或不得已而動。亦動中有成。

伏吟課無尅賊。柔日取辰上神爲用。中末傳遞取刑。名自信格

（例）辛巳日子時子將夜占

鬼　巳　蛇
兄　申　陰
才　寅　勾

蛇		常	
巳	巳	戌	戌
巳	巳	戌	辛

蛇巳	貴午	后未	陰申
朱辰			酉玄
六卯			戌常
寅勾	丑靑	子空	亥白

（解）伏吟無尅。辛日係柔日。取辰上神巳為用。中末傳仍取刑。此天地神不動不尅。無所取擇。自信其己之柔，進用於人。故名自信。

（課象略釋）潛藏伏匿。身不自由。逃亡近覓。盜賊內搜。病者喑啞。行人淹留。若日辰用神旺相。主不獲己而動。

伏吟課發用為自刑。名杜傳格。

（例）己亥日巳時巳將夜占

玄	亥	才
蛇	未	兄
白	丑	兄

亥	玄 亥	未	蛇 未
亥	亥	未	己

六 巳	朱 午	蛇 未	貴 申
勾 辰			酉 后
青 卯			戌 陰
寅 空	丑 白	子 常	亥 玄

（解）發用亥係自刑。亥在辰上。則取日上未爲中傳。末傳仍取中傳之刑。初傳自行杜塞。故名杜傳。

（課象略釋）居者將移。合者將離。中道而廢。事宜改爲。尋求失物。不出庭除。如傳中見驛馬。則靜中有動。主有遠方信息到門。

十　返吟課

十二神各居冲位。厥名返吟。統震之體。重重震驚之象也。

返吟課有尅賊。仍照賊尅法發用。名無依格。

（例）　己亥日子時午將晝占

父 巳 白
才 亥 蛇
父 巳 白

白		后
亥	巳	未	丑
巳	亥	丑	己

蛇亥	貴子	后丑	陰寅
朱戌			卯玄
六酉			辰常
申勾	未青	午空	巳白

（解）第三課下賊上。仍照賊尅法。取巳爲用。此十二神彼此相沖。有反覆呻吟之象。故名返吟。且十二神各易本位。無所憑依。故又名無依。

（課象略釋）　高岸爲谷。深谷爲陵。變遷無定。成敗難憑。此課大抵主動。惟得失未有一定。有舊事復發之象。

返吟無尅賊。則用井欄射法發用。名無親格。

（例）己丑日巳時亥將夜占

六亥才
后未兄
青丑兄

青丑己　未丑　后未丑　丑未

空寅　卯白　辰常　巳玄
青丑　　　　　　　午陰
勾子　　　　　　　未后
六亥　朱戌　蛇酉　申貴

（解）返吟無尅。則丑日取亥爲用。如傍井依欄。斜冲射之。不出井外。故名井欄射。全盤冲開。渙散無屬。故又名無親。

（課象略釋）行人阻遏。盜賊相攻。內外多怪。上下不恭。旁求事就。直求道窮。凡事主速成易破。

右列十種課名。已見上卷占法篇中。惟彼論課式。此論課體。性質實有不同。故仍一一舉例。非重複也。

十一　三光課

日辰上神及發用。均旺相乘吉將。厥名三光。統貫之體。光明通達之象也。

（例）甲辰日午時申將晝占

才	辰	六
子	午	青
鬼	申	白

申	青午	午	六辰
午	辰	辰	甲

空未	白申	常酉	玄戌
青午			亥陰
勾巳			子后
辰六	卯朱	寅蛇	丑貴

（解）申爲四月將。於季爲孟夏。日上辰相氣。辰上午旺氣。一乘六合。一乘青龍。均吉將。發用同日上。日爲人。辰爲宅。發用爲動作課爲。三處均旺相乘吉將。卽三者均有光

華也。故名三光。

此課本係涉害。因有特別情形。故復另爲立名。蓋一課而兼有兩體也。以下各課。均依此例。

（課象略釋） 課得三光。萬事吉昌。獄囚釋放。疾病安康。市賈得利。謀幹俱良。若中末傳囚死。則爲三光失明。主先亨通而後抑塞。

十二 三陽課

貴人順布。日辰居前。發用旺相。厥名三陽。統晉之體。龍劍呈祥之象也。

（例） 乙丑日酉時戌將晝占

兄 寅 朱
兄 卯 六
才 辰 勾

卯	朱寅	午	青巳
寅	丑	巳	乙

空午	白未	常申	玄酉
青巳			戌陰
勾辰			亥后
卯六	寅朱	丑蛇	子貴

（解）貴人臨天門亥。順布。日支丑在貴人前。戌爲二月將。於季爲春。發用寅旺氣。天乙左行。陽氣順。一也。日辰居天乙前。陽氣伸。二也。用神旺相。陽氣和。三也。有三陽開泰之意。故名三陽。

（課象略釋）課得三陽。雲路翺翔。訟獄得釋。疾病無妨。財喜遂意。行人還鄉。賊來不戰。孕產賢郎。若天乙臨辰戌。名貴人坐獄。用神爲日鬼。（尅日干而比者爲鬼）中末傳無救神。則爲三陽不泰。占事主暗昧難成。先泰後否。

十三　三奇課

旬奇日奇發用。或入傳。厥名三奇。統豫之體。上下悅懌之象也。

甲子甲戌旬用丑。甲申甲午旬用子。甲辰甲寅旬用亥。是爲旬奇。

甲日用午。乙日用巳。丙日用辰。丁日用卯。戊日用寅。己日用丑。庚日用未。辛日用申。壬日用酉。癸日用戌。是爲日奇。

（例）　己酉日未時申將晝占

常申己
酉申
陰戌酉
亥戌

玄酉 陰戌 后亥 子貴
常申　　　　丑蛇
白未　　　　寅朱
空午 青巳 勾辰 卯六

后亥才
貴子才
蛇丑兄

（解）己酉日在甲辰旬中。甲辰旬之奇爲亥。取亥爲用。故名三奇。
丑爲玉堂。鷄鳴於丑而日精備。子爲明堂。鶴鳴於子而月精備。亥爲絳宮。斗轉於亥而星精備。日月星三者之精。爲六旬之奇。此三奇之名所由立也。
三奇亥子丑相連。又名連珠三奇。
旬奇日奇并臨爲上。有旬奇。無日奇。亦可。若僅有日奇。

則不能名爲三奇。

此外又有遁奇。如三傳爲寅巳申。或辰巳未。其實並無是課則名遁奇。蓋寅宮寄甲。巳宮寄戊。申宮寄庚。而甲戊庚爲天上三奇也。辰宮寄乙。巳宮寄丙。未宮寄丁。而乙丙丁爲地下三奇也。

（課象略釋）萬事和合。千殃解除。婚求淑女。孕育貴兒。士有奇遇。病獲良醫。凡事逢凶化吉。不忌刑殺。如奇作空亡。則奇精有損。其福減半。先明後暗。吉凶皆無成。

十四　六儀課

旬儀支儀發用。或入傳。厥名六儀。統兌之體。喜溢眉宇之象。也旬儀卽旬首也。甲子旬中。子爲旬儀。甲戌旬中。戌爲旬儀。甲申旬中。申爲旬儀。甲午旬中。午爲旬儀。甲辰旬中。辰爲旬儀。甲寅旬中。寅爲旬儀。

支儀者。子儀午。丑儀巳。寅儀辰。卯儀卯。辰儀寅。巳儀丑。午儀未。未儀申。申儀酉。酉儀戌。戌儀亥。亥儀子也。

坿支儀表

支	子	丑	寅	卯	辰	巳
儀	午	巳	辰	卯	寅	丑
支	午	未	申	酉	戌	亥
儀	未	申	酉	戌	亥	子

自子至巳。從午起逆行。

自午至亥。從未起順行。

（例）丙辰日寅時未將夜占

父 寅 玄
子 未 勾
鬼 子 后

蛇戌 卯 朱酉 寅
丙 戌 辰 未

陰丑 后子 貴亥 蛇戌
玄寅 朱酉
常卯 六申
白辰 空巳 青午 勾未

（解）丙辰在甲寅旬中。發用寅爲旬首。旬首爲六陽支神星宮之長。直符之使。威儀嚴肅。故名六儀。本課寅兼爲支儀。

旬儀支儀并臨爲上。有旬儀。無支儀。亦可。若僅有支儀。則不能名爲六儀。

（課象略釋）兆多吉慶。求財相宜。罪逢赦宥。病遇良醫。投書干貴。遇合稱奇。若乘天乙。名富貴六儀。更得奇儀同會。

凡事吉不待言。惟儀尅行年則凶。

十五　時泰課

太歲月建。一發用。一入傳。初末傳乘青龍六合吉將。又帶日財日德。厥名時泰。統泰之體。天地和暢之象也。日財。即日之妻財也。詳第一卷中。

（例）　子年戌月戊寅日戌時卯將夜占

才	子	青
父	巳	陰
兄	戌	六

子	貴未	卯	六戌
未	寅	戌	戊

六戌	勾亥	青子	空丑
朱酉			寅白
蛇申			卯常
未貴	午后	巳陰	辰玄

（解）發用子爲太歲。末傳戌爲月建。一乘青龍。一乘六合。子又爲日財。中傳巳爲日德。福祿重重。如人時運通泰。故名時泰。

（課象略釋）災禍潛消。謀爲無礙。逃亡必歸。盜賊自敗。孕育貴兒。前程遠大。若傳中見空亡。則主事多虛喜。

十六　龍德課

太歲與月將相併。乘天乙發用。厥名龍德。統萃之體。雲龍際會之象也。

（例）巳年七月癸酉日酉時巳將夜占

貴巳　勾丑　常酉
才巳　鬼丑　父酉

丑	貴巳	巳	常酉
巳	酉	酉	癸

勾丑	六寅	朱卯	蛇辰
青子			貴巳
空亥			后午
白戌	常酉	玄申	陰未

（解）巳爲太歲。又爲月將。上乘貴人發用。如龍行雨澤。德及萬物。故名龍德。

（課象略釋）罪囚出獄。財喜臨身。利名易遂。爭訟休陳。官爵超擢。利見大人。若占尊貴求卑下則不吉。

十七　官爵課

歲月日時四路驛馬發用。傳中見天魁太常。厥名官爵。統益之體。鴻鵠沖霄之象也。
驛馬詳第一卷中。天魁即河魁戌也
如歲月日時四者不全。以本人年命之驛馬湊合之。亦作官
爵課論。

（例）未年卯月丁亥日巳時戌將晝占本命癸亥

陰丑	玄寅	常卯	白辰
后子			空巳
貴亥			青午
蛇戌	朱酉	六申	勾未

酉	白辰	巳	后子
辰	亥	子	丁

兄	巳	空
子	戌	蛇
父	卯	常

（解）巳爲亥卯未之馬。適爲年月日命四路之馬。中傳戌爲
天魁。末傳乘太常。驛馬爲使命之神。魁爲印。常爲綬。有

加官進爵之徵。故名官爵。

（課象略釋） 無官得官。有官遷職。病訟遇之。多凶少吉。若驛馬逢沖破。主官爵淹留。印綬遇空亡。主官爵脫失。

十八 富貴課

天乙乘旺相氣發用。更臨日辰行年。上下相生。厥名富貴。統大有之體。金玉滿堂之象也。

（例） 二月辛巳日丑時戌將晝占行年在巳

白未	辰	貴寅	亥
辛	未	巳	寅

玄巳	常午	白未	申空
陰辰			酉青
后卯			戌勾
貴寅	蛇丑	朱子	亥六

才 寅 貴
子 亥 六
兄 申 空

（解）二月寅為旺氣。上乘貴人。下臨日支兼行年巳。上下木火相生。有富而且貴之徵。故名富貴。天乙乘旺相氣發用。日辰上神逢祿馬。（祿即日祿 馬即驛馬）亦名富貴。

（課象略釋）天降福德。萬事新鮮。財喜雙美。富貴兩全。孕生貴子。婚配嬋娟。獄訟得理。謀望勝前。如戌加巳發用。名富貴權印。更吉。若貴人臨辰戌。名坐獄。所占皆凶。然在乙辛辰戌日占。或占人行年本命為辰戌。又不以坐獄論。

十九　軒蓋課

勝光發用。中末傳為太衝神后。厥名軒蓋。統升之體。扶搖直上之象也。

（例）甲子日卯時子將晝占

子　午　青
兄　卯　朱
父　子　后

陰		常	
亥	申	酉	午
甲	亥	子	酉

勾巳	午青	未空	申白
六辰			酉常
朱卯			戌玄
蛇寅	丑貴	子后	亥陰

（解）發用勝光午。中傳太衝卯。末傳神后子。卯為天車。午為天馬。子為華蓋。三神並遇。如乘駟馬。駕軒車。張華蓋。故名軒蓋。

（課象略釋）招搖過市。車馬赫然。求財干貴。先着祖鞭。行人卽至。疾病難延。若三傳乘蛇虎及死炁。（參觀坿錄月、神煞表）尅年命日辰。或空亡。或卯作表車煞。（參觀坿錄月統煞表）則名墜軒落馬。不吉。

二十　鑄印課

巳火發用。中末傳爲戌卯。厥名鑄印。統鼎之體。煉藥成丹之象也。

（例）丙子日未時子將晝占

空		蛇	
戌	巳	卯	戌
巳	子	戌	丙

兄	巳	空
子	戌	蛇
父	卯	常

	蛇	貴	后	陰
	戌	亥	子	丑
朱	酉			寅 玄
六	申			卯 常
	未 勾	午 青	巳 空	辰 白

（解）三傳巳戌卯。巳爲爐。戌爲印。卯爲印模。戌中辛金。遇巳中丙火作合。鑄成符印。故名鑄印。卯又爲車輪。故又名鑄印乘軒。

（課象略釋）頑金鑄印。爐火炎炎。投書獻策。官職高遷。此課大約利仕宦。不利平民。占疾病訟事。尤凶。春夏丙丁巳午日占。火嫌太過。中末傳値空亡。名破印損模。官必不遷。更遇凶神將。主先成後破。徒勞心力。

二十一　斲輪課

卯加庚辛或申酉發用。厥名斲輪。統頤之體。飛龍入淵之象也。

（例）辛丑日辰時亥將夜占

玄	卯	才
勾	戌	父
后	巳	鬼

后		朱	
巳	子	申	卯
辛	巳	丑	申

空子	白丑	常寅	玄卯
青亥			辰陰
勾戌			巳后
酉六	申朱	未蛇	午貴

（解）卯加申爲用。卯爲車輪。申金爲斧斤。輪爲金斲。故名斲輪。

（課象略釋）　木欲成器。須假金斲。孕病凶險。財喜歡躍。祿位加增。官職遷擢。戌印常綬。遇之更樂。此課多主事成遲晚。占孕與病訟忌之。

卯乘白虎爲棺槨。值空亡爲朽木難雕。春季甲乙日或寅卯時占。木太旺。爲傷斧。秋季庚辛日或申酉時占。金太旺。爲傷輪。均凶。

二十二　引從課

日上神之前後神。或辰上神之前後神。爲初末傳。厥名引從。統渙之體。車馬蜂擁之象也。

(例一)　壬子日巳時戌將夜占

才	巳	貴
鬼	戊	青
子	卯	陰

戌	貴巳	酉	后辰
巳	子	辰	壬

青戌	空亥	白子	常丑
勾酉			寅玄
六申			卯陰
未朱	午蛇	巳貴	辰后

(解)日上神爲辰。初傳巳在辰前。末傳卯在辰後。前引後從。

故名引從。

本課爲拱天干格。又兼兩貴拱干。蓋巳卯適爲陰陽二貴也。

（例二） 甲午日申時丑將夜占

青子 父
陰巳 子
六戌 才

貴未 甲
子 未
勾亥 午
辰 亥

空丑 寅白 卯常 辰玄
青子 巳陰
勾亥 午后
六戌 酉朱 申蛇 未貴

（解）辰上神爲亥。初傳子在亥前。末傳戌在亥後。此爲拱地支格。

此外尚有兩貴臨干支拱年命。干支拱日祿。干支拱貴人。亦名引從。

（課象略釋）官職陞擢。聲名榮耀。孕生英兒。婚得美貌。遷修家宅。大吉之兆。拱天干宜進職。拱地支宜遷宅。

二十三　亨通課

三傳遞生日干。或干支俱互生旺。厥名亨通。統漸之體。福祿同臨之象也。

遞生有二義。初傳生中傳。中傳生末傳。末傳生日干。一也。末傳生中傳。中傳生初傳。初傳生日干。二也。干上神生干。支上神生支。干上神生支。支上神生干。爲互生格。干上神生支。爲俱生格。干上神生支。支上神生干。爲互生格。干上神爲干之旺神。支上神爲支之旺神。爲俱旺格。干上神爲支之旺神。支上神爲干之旺神。爲互旺格。

（例一）　丙戌日申時亥將晝占

六	申	才
貴	亥	官
玄	寅	父

辰	陰丑	亥	六申
丑	戌	申	丙

六申	朱酉	蛇戌	貴亥
勾未			子后
青午			丑陰
巳空	辰白	卯常	寅玄

（解）申金生亥水。亥水生寅木。寅木生丙火。有生無尅。有亨利通達之徵。故名亨通。本課爲遞生之一例。

（例二） 癸未日寅時午將晝占

空酉父
陰丑鬼
朱巳才

卯	常亥	酉	朱巳
亥	未	巳	癸

空酉	白戌	常亥	玄子
青申			丑陰
勾未			寅后
午六	巳朱	辰蛇	卯貴

（解）末傳巳火生中傳丑土。中傳丑土生初傳酉金。初傳酉金生日干癸水。是爲遞生之又一例。

（例三） 辛巳日卯時子將晝占

玄巳	陰辰	后卯	貴寅
常午			蛇丑
白未			朱子
空申	青酉	勾戌	六亥

亥	貴寅	辰	白未
寅	巳	未	辛

才 寅 貴
子 亥 六
兄 申 空

（解）日上神未土。生日干辛金。辰上神寅木。生日支巳火。是爲俱生格。

（例四） 辛巳日辰時酉將晝占

后卯 才
空申 兄
蛇丑 父

卯（勾）	戌（勾）	申	卯（后）
戌	巳	卯	辛

勾戌	六亥	朱子	蛇丑
青酉			寅貴
空申			卯后
未白	午常	巳玄	辰陰

（解）日上神卯木。生日支巳火。辰上神戌土。生日干辛金。是為互生格。

（例五）甲申日巳時午將晝占

六 辰 才
勾 巳 子
青 午 子

朱卯 辰 常酉 戌
甲 卯 申 酉

常酉 戌玄 亥陰 子后
白申 丑貴
空未 寅蛇
青午 勾巳 六辰 卯朱

(解)日上神卯。為日干甲之旺神。辰上神酉。為日支申之旺神。是為俱旺格。

(術語解釋) 旺神。卽長生十二神中之帝旺也。與五行中旺相休囚之旺不同。甲木帝旺在卯。申宮寄庚。庚金帝旺在酉。詳第一卷中。

(例六) 甲申日午時丑將晝占

勾酉甲　陰卯辰玄巳常午白

辰酉　后寅　未空

陰卯申　貴丑　申青

戌卯　蛇子朱亥六戌酉勾

六戌才

常巳子

蛇子父

（解）辰上神卯。為日干甲木之旺神。日上神酉。為日支申金之旺神。是為互旺格。

（課象略釋）三傳相生。干支有情。官逢薦擢。士獲功名。婚姻和合。財利生成。若遞生值空亡。無甚解救。則凶。俱生主彼此有益。互生主彼此相助。俱旺主謀為省力。互旺主經營得意。

二十四　繁昌課

夫妻行年干支各相合。各乘本命旺氣。且值德合。或夫妻行年爲三合。上乘時令旺相氣。厥名繁昌。統咸之體。男女交感之象也。

行年男從寅上起一歲。順數。女從申上起一歲。逆數。已詳第一卷中。此寅與申。指甲子旬中之寅申而言。若配以天干。則男一歲起丙寅。女一歲起壬申也。

(例一)壬申日未時巳將夜占。夫本命屬水。行年在甲寅。妻本命屬金。行年在己亥。

后午　才
蛇辰　鬼
六寅　子

常酉	未	后午	辰
壬	酉	申	午

后午	貴巳	蛇辰	朱卯
陰未			六寅
玄申			勾丑
常酉	白戌	空亥	青子

（解）夫行年在甲寅。妻行年在己亥。甲與己合。寅與亥合。是干支各相合。夫命是水。行年寅上見子水。是水旺也。妻命是金。行年亥上見酉金。是金旺也。壬德在亥。（指日合德）在寅。是夫妻行年。適值德合也。夫妻好合。情慾必動。有孕育繁昌之徵。故名繁昌。本課夫妻行年。立於德合之鄉。又名德孕格。

(例二) 甲申日未時戌將晝占。夫行年在卯。妻行年在亥。

寅	亥朱	申	巳常
亥	申	巳	甲

青申鬼
朱亥父
后寅兄

青申	勾酉	六戌	朱亥
空未			子蛇
白午			丑貴
巳常	辰玄	卯陰	寅后

(解)夫行年在卯。妻行年在亥。亥卯未爲三合。雖缺未亦作三合論戌將屬仲春。春占木旺火相。今妻行年亥上見寅木。夫行年卯上見午火。是上乘旺相氣也。是名旺孕格。

本課專視天地盤與行年之關係而定。爲占娠妊之用。四課三傳。均略而不論也。

（課象略釋）陰陽和合。萬物生成。好逑同詠。貴子產生。謀爲大利。家道自興。德孕格若行年值敗（卽沐浴）絕刑害。名德孕不育。主小產。旺孕格含義。與德孕格略同。

二十五 榮華課

祿馬貴人臨日辰年命。發用旺相。厥名榮華。統師之體。士衆擁從之象也。

祿卽臨官。馬卽驛馬。均詳第一卷中。

（例）丙申日寅時亥將晝占。本命爲寅。行年在巳。

空巳 兄	六寅 父	貴亥 官	
六寅	亥	空巳	寅
丙	寅	申	巳

空巳	青辰	勾卯	六寅
白午			朱丑
常未			蛇子
玄申	陰酉	后戌	貴亥

（解）日上寅爲驛馬。辰上巳爲日祿。貴人臨本命寅。驛馬臨行年巳。亥將屬正月。於季爲春。發用巳火。爲相氣。此祿馬逢貴人。主榮顯光華。故名榮華。

（課象略釋）　經營俱亨。動止均美。孕育麟兒。婚姻連理。用兵征討。得地千里。如貴人坐獄。則宜退不宜進。貴人所乘之神爲日鬼。占官利。占病凶。

二十六　德慶課

德神發用。厥名德慶。統需之體。君子歡會之象也。德有四種。即天德月德日德支德也。詳第一卷中。四種中以日德爲最吉。

（例）戊子日戌時卯將夜占

父　巳　陰
兄　戌　六
官　卯　常

陰　　　六
戌　巳　卯　戌
巳　子　戌　戊

六　勾　青　空
戌　亥　子　丑
朱酉　　　　寅白
蛇申　　　　卯常
未　午　巳　辰
貴　后　陰　玄

（解）發用巳爲日德。善莫大於德。轉禍爲福。衆凶皆散。應彈冠相慶。故名德慶。

（課象略釋）德神在位。諸煞潛藏。獄囚釋放。病危無妨。諸般謀望。旣吉且昌。若神將外戰。被刑尅。則不吉。

（術語解釋）天將爲乘神所尅。名神將內戰。例如靑龍乘申。貴人乘寅。白虎乘巳等皆是。乘神爲天將所尅。名神將外戰。例如靑龍乘丑。貴人乘亥。白虎乘卯等皆是。

二十七　合歡課

日上神遁干。與日干作合。發用又爲三合。厥名合歡。統幷之體。婚姻團圓之象也。

遁干詳第一卷中。

（例）戊申日子時申將晝占

蛇子才
青申子
玄辰兄

貴丑	酉	玄辰	子
戊	丑	申	辰

玄辰　巳常　午白　未空
陰卯　　　　　　　申青
后寅　　　　　　　酉勾
貴丑　蛇子　朱亥　戌六

（解）戊申在甲辰旬中。日上丑之遁，干爲癸。與日干戊合。三傳子申辰爲三合水局。有和合歡喜之徵。故名合歡。

（課象略釋）乾坤匹配。奇偶交併。婚姻美滿。萬事佳慶。此課大體雖吉。惟占孕遲生。占病遲愈。占爭訟以和解爲貴。

二十八　和美課

日上二課及辰上二課。上下俱成三合。三傳亦爲三合。厥名和美。統豐之體。志同道合之象也。

（例）　壬午日巳時丑將夜占

白　戌　官
后　午　才
六　寅　子

		陰
戌	六寅	卯	未
寅	午	未	壬

勾丑	六寅	朱卯	蛇辰
青子			巳貴
空亥			午后
戌白	酉常	申玄	未陰

（解）日上二課。上下見亥卯未。辰上二課。上下見寅午戌。均係三合。三傳戌午寅。亦爲三合。有上下和合之徵。故名和美。

（課象略釋）　三處作合。上下歡悅。婚諧謀遂。病危訟屈。此課大體與合歡課相似。

二十九　斬關課

魁罡加日辰發用。厥名斬關。統遯之體。豹隱南山之象也。

魁卽河魁戌。罡卽天罡辰。

(例)　甲寅日亥時未將夜占

六戌甲　玄辰巳陰午后未貴

六后白
戌午寅　午戌　常卯　申蛇
才子兄

六戌寅　白寅　酉朱

午戌　空丑青子勾亥戌六

(解) 戌爲河魁。加日辰寅發用。魁罡爲天關。日辰爲人。人爲天關所阻隔。必須斬關而出。故名斬關。

(課象略釋)　關梁踰越。最利逃亡。捕賊難獲。出行無殃。疾病凶禍。厭禱吉祥。書符合藥。靈驗無方。此課大體利於隱遯逃亡。甲戌日占。貴人臨亥。謂之神藏煞沒。神藏者。六神藏也。螣蛇臨子。朱雀臨丑。均名掩目。勾陳臨卯。名入獄。天空臨巳。名受辱。白虎臨午。名焚身。玄武臨申。名折足。六神均有所制。不能逞其凶燄。煞沒者。四煞沒也。辰戌丑未爲四煞。適臨寅申巳亥。陷於四維也。占課遇神藏煞沒。主萬事順利。不獨斬關課體爲然也。

河魁加亥。謂之魁度天門。主抑塞難通。天罡加寅。謂之罡塞鬼戶。主謀爲順利。

三十　閉口課

旬尾加旬首發用。或旬首乘玄武發用。或旬首上神乘玄武發用。厥名閉口。統謙之體。上下朦朧之象也。

（例一）　甲申日卯時子將夜占

朱巳子
青寅兄
常亥父

常亥甲
申亥
朱巳申
寅巳

朱巳午蛇未貴申后
六辰酉陰
勾卯戌玄
青寅空丑白子亥常

（解）甲申旬中。申爲旬首。巳爲旬尾。巳加申發用。首尾相加。如環無端。不見其口。故名閉口。

（例二）　丁酉日卯時子將夜占

玄午　兄
空卯　父
六子　鬼

白辰　丑　玄午　卯
丁　辰　酉　午

常巳　玄午　陰未　后申
白辰　　　　貴酉
空卯　　　　蛇戌
青寅　勾丑　六子　朱亥

（解）丁酉在甲午旬中。午為旬首。玄武為第十位天將。十為數之終。玄武乘午。雖非旬尾加旬首。實與旬尾旬首會合相同。故亦名閉口。

舊說以旬首為玄武陽神。旬尾為玄武陰神。（例如課本午為玄武陽神卯為玄武陰神）並無旬尾加旬首之意。且陰神之取法。亦與通例不同。（陰神取法詳下卷）其說實支離不足取。

（例三）　甲子日未時亥將晝占

白午　戌午　玄辰　申辰
　甲　　午　　子　　辰

蛇子　丑貴　寅后　卯陰
朱亥　　　　　　　辰玄
六戌　　　　　　　巳常
勾酉　青申　空未　午白

才　玄辰
鬼　青申
父　蛇子

（解）甲子旬子爲旬首。玄武乘辰臨子發用。與上例意略相似。所不同者。彼就天盤言。此就地盤言耳。

此外又有旬尾加日干。旬首加日支。或旬首加日干。旬尾加日支者。名一旬周徧格。

（例四）　乙未日卯時寅將晝占

才 戌 陰
兄 卯 青
子 午 空

卯 乙（六）
寅 卯
午 未（空）
巳 午

白　空　青　勾
未　午　巳　辰
常 申　　　卯 六
玄 酉　　　寅 朱
戌　亥　子　丑
陰　后　貴　蛇

（解）乙未日在甲午旬中。午爲旬首。卯爲旬尾。午在日支未上。卯在日干乙上。一旬之首尾俱見。故名一旬周徧格。亦閉口課中之別格也。

（課象略釋）金人緘口。意思不明。逃亡無影。失物難尋。孕生瘖啞。有寃莫伸。旬尾加旬首。乘六合。主事成而凶難散。乘白虎。占病。主痰氣阻塞。喉腫舌禁。若兼無祿課體。見後則絕食而死。占失物。主人雖見而不肯明言。玄武乘旬首。或玄武臨旬首。爲占盜賊逃亡之用。詳後第五卷中。一旬周徧格。主事不脫空。所謀皆就。試宜捉刀。訟宜易處。惟不宜占疾病。

三十一　遊子課

三傳皆丑。旬丁或天馬發用。厥名遊子。統觀之體。雲萍聚散之象也。

旬丁即丁神。詳第一卷中。天馬正月起午。順行六陽神。如左表。

月別	正	二	三	四	五	六	七	八	九	十	十一	十二
天馬	午	申	戌	子	寅	辰	午	申	戌	子	寅	辰

（例）三月乙巳日午時酉將夜占

蛇未	戌	貴申	亥
乙	未	巳	申

玄亥	常子	白丑	空寅
陰戌			青卯
后酉			勾辰
貴申	蛇未	朱午	六巳

才　未　蛇
才　戌　陰
才　丑　白

（解）三傳未戌丑。均屬土。乙巳日在甲辰旬中。發用未爲旬丁。丁馬主動。使人好遊。故名遊子。本課在三月中占。中傳戌爲天馬。丁馬併臨。又名天涯地角課。

（課象略釋）丁馬加季。奔走西東。出行吉利。坐守困窮。疾病難愈。官訟多凶。天陰不雨。婚事終空。此課大體爲動搖不定之象。凶多吉少。若兼三奇或六儀課體。年命日辰上。有冲尅救神。則可化禍爲福。

三十二　三交課

四仲日占。四仲神加日支。三傳皆仲神。發用乘太陰或六合。厥名三交。統姤之體。風雲不測之象也。

四仲者。子午卯酉也。又名四敗神。因爲六陽干之敗氣（即沐浴詳第一卷中）故也。

（例）戊子日午時酉將晝占

陰卯 鬼
白午 父
勾酉 子

青申 亥 陰卯 午
戌 申 子 卯

朱亥 六戌 勾酉 青申
蛇子 空未
貴丑 白午
后寅 陰卯 玄辰 常巳

(解)戊子日爲仲日。辰上神卯爲仲神。三傳卯午酉均仲神。發用卯乘太陰。太陰屬酉。亦爲仲神。若乘六合則六合屬卯亦爲仲神仲日遇仲神加支。爲一交。仲神發用。中末傳又爲仲神。爲二交。發用乘仲神。爲三交。故名三交。

(課象略釋) 交加連累。奸私隱匿。謀事不明。求財無益。訟犯刑名。兵逢強敵。此課無陰合。則名三交不交。年月日時皆仲。則名三交不解。二者之凶。均更甚於交。

三十三　亂首課

日加辰上被辰尅發用。或辰加日上尅日發用。厥名亂首。統口之體。白虹貫日之象也。

此課卦體不明。姑闕疑。

（例一）　庚午日申時戌將夜占

兄	申	朱
父	戌	勾
子	子	空

戌	申朱	子	戌勾
申	午	戌	庚

蛇未	朱申	六酉	勾戌
貴午			亥青
后巳			子空
辰陰	卯玄	寅常	丑白

（解）申爲日干庚所寄之宮。卽日干也。加日支午被尅發用。干爲尊上。如首。支爲卑下。如足。卑下無禮。作亂犯上。故名亂首。

（例二）庚午日辰時寅將晝占

勾午　官
朱辰　父
貴寅　才

寅　辰　朱辰　勾午
辰　午　午　庚

勾午　青未　空申　白酉
六巳　　　　　　常戌
朱辰　　　　　　玄亥
蛇卯　貴寅　后丑　陰子

（解）日支午加日干庚上尅下發用。亦有卑下凌犯尊上之象。故亦名亂首。

（課象略釋）子忤其父。弟背其兄。以下犯上。悖逆重重。例一名自取亂首。情勢稍輕。事發於內而起於外。例二名上門亂首。情勢稍重。事發於外而起於內。若三傳及年命。有尅制亂我之神。名曰患門有救。

三十四　贅婿課

日加辰上尅辰發用。或辰加日上被日尅發用。厥名贅婿。統旅之體。依人作嫁之象也。

（例一）　丙申日辰時丑將晝占

六寅	亥	空巳	寅
丙	寅	申	巳

空	巳	兄
六	寅	父
貴	亥	官

空巳	午白	未常	申玄
青辰			酉陰
勾卯			戌后
六寅	丑朱	子蛇	亥貴

（解）巳爲日干丙所寄之宮。卽日干也。加日支申。上剋下發用。以動就靜。如男子入贅妻家。故名贅婿。

（例二）　甲戌日卯時亥將晝占

寅	白午	午	六戌
午	戌	戌	甲

玄辰	巳常	午白	未空
陰卯			申青
后寅			酉勾
貴丑	子蛇	亥朱	戌六

才　戌　六
子　午　白
兄　寅　后

（解）日支戌加日干甲。被剋發用。以靜就動。如再醮婦之携兒就嫁。舍己從人。亦有入贅之意。故亦名贅婿。

（課象略釋）屈意從人。事多牽制。胎孕遲延。行人淹滯。財名可成。病訟未濟。例一爲男就乎女。利尊長不利卑幼。例二爲女就乎男。卑幼凌尊長。而尊長不容也。

三十五　冲破課

干支之冲神。加破神發用。厥名冲破。統夫之體。雪上加霜之象也。

冲神。卽六冲也。破神。卽六破也。均詳第一卷中。

（例）　庚子日卯時午將夜占

	蛇		玄
午	卯	寅	亥
卯	子	亥	庚

鬼	午	勾
兄	酉	白
子	子	陰

空申	白酉	常戌	玄亥
青未			子陰
勾午			丑后
巳六	辰朱	卯蛇	寅貴

（解）午爲日支子之沖神。又午破卯。今午加卯發用。既沖且破。故名沖破。

（課象略釋）人情反覆。門戶不寧。婚姻不遂。胎孕難成。一切謀望。成而復傾。此課大體占病訟等凶事則吉。餘占多凶。

發用與歲月日時沖破。亦以沖破課體論。大抵發用旺相不宜沖。衰墓宜沖。吉將不宜沖。凶將宜沖。凶將值空亡不宜沖。吉將值空亡宜沖。於破亦然。

三十六　淫泆課

卯或酉發用。初末傳乘天后六合。厥名淫泆。統既濟之體。陰陽配合之象也。

初傳乘六合。末傳乘天后。名狡童格。初傳乘天后。末傳乘六合。名泆女格。

（例） 辛未日申時辰將夜占

才	卯	六
子	亥	白
父	未	后

亥	六卯	寅	貴午
卯	未	午	辛

	青丑	勾寅	六卯	朱辰
空子				巳蛇
白亥				午貴
	戌常	酉玄	申陰	未后

（解）發用爲卯。初末傳乘六合天后。卯酉爲陰私之門。后合爲淫泆之神。有淫奔之意。故名淫泆。

本課初傳乘六合。末傳乘天后。是爲狡童格。泆女格之例從略。

（課象略釋）踰閑蕩檢。泆女狡童。陰私莫禁。淫亂成風。嫁娶不吉。逃亡無蹤。狡童格遇后合臨日辰。或男女行年。主先奸後娶。泆女格則主女子淫奔。

三十七　蕪淫課

四課缺一而有尅。（無尅名別責見前）或四課不缺。而日辰交互相尅。厥名蕪淫。統小畜之體。琴瑟不調之象也。

四課缺一爲不備。四課之排列。剛日照舊。柔日則日上兩課。與辰上兩課。須互易其位置。卽第三第四課。改爲第一第二課。第一第二課。改爲第三第四課。其課之同者。則取前而舍後。譬如第一課與第三課相同。則存第一而舍第三。第二課與第三課相同。則亦存第二而舍第三。第一第三課屬陽。第二第四課屬陰。存二陰一陽。謂之陽不備。存二陽一陰。謂之陰不備。

（例一）　乙卯日午時未將晝占

巳	午	辰	巳
乙	巳	卯	辰

（青巳乙、勾辰卯）

勾辰　才
青巳　子
空午　子

玄酉	常申	白未	空午
陰戌			青巳
后亥			勾辰
貴子	蛇丑	朱寅	六卯

（解）巳乙與巳辰相同。是四課缺一。乙爲柔日。應以辰卯爲第一課。巳辰爲第二課。巳乙爲第三課。午巳爲第四課。

當留巳辰而舍巳乙。二陰一陽。是爲陽不備。如二女爭一男。荒淫無度。故名蕪淫

（例二）乙亥日巳時子將晝占

蛇			空
亥	午	午	丑
乙	亥	亥	午

空午子
后丑才
勾申官

玄卯	常辰	白巳	午空
陰寅			未青
后丑			申勾
貴子	蛇亥	朱戌	酉六

（解）第二第三課相同。乙爲柔日。以辰之陽神午亥爲第一課。辰之陰神丑午爲第二課。日之陽神亥乙爲第三課。日之陰神午亥爲第四課。應留第一而棄第四。二陽一陰。如二男爭一女。故名蕪淫。

(例三一)　甲子日卯時亥將晝占

辰	蛇申	午	六戌
申	子	戌	甲

玄辰	巳陰	午后	未貴
常卯			申蛇
白寅			酉朱
空丑	子青	亥勾	戌六

六	戌	才
后	午	子
白	寅	兄

(解)四課雖備。而日上戌剋日支子。辰上申剋日干甲。是爲交互相剋。日爲夫。辰爲妻。日欲就辰。畏上剋。辰欲就日。亦畏上剋。夫妻各有陰私之徵也。故亦名蕪淫。

(課象略釋)　陰陽不備。交剋最嫌。利名碌碌。疾病淹淹。陰微晴久。陽少雨添。行人未至。征戰愁占。陽不備。用兵利主。陰不備。用兵利客。交互相剋。主賓主不投。兩方均不利。

蕪淫課中。遇夫妻行年及行年上神。均既冲且尅者。名解離格。

(例) 丁巳者未時酉將晝占。夫行年在午。妻行年在子。

朱酉　亥　勾未　酉
丁　酉　巳　未

朱　酉　才
貴　亥　鬼
陰　丑　子

蛇戌　亥貴　子后　丑陰
朱酉　寅玄
六申　卯常
勾未　午青　巳空　辰白

(解) 此爲陽不備之蕪淫課。而夫妻行年。一爲午。一爲子。既冲且尅。午上爲申。子上爲寅。亦既冲且尅。有夫妻反目。解除婚約之徵。故名解離。

(課象略釋) 輿脫其輻。夫妻反目。各懷異心。好逑不得。此課輕則離婚。重則斷絃。

蕪淫課中。遇孤辰寡宿發用。名孤辰、寡宿格。

孤辰寡宿有三義。以旬空論。陽空爲孤。陰空爲寡。如甲子旬中以戌亥爲旬空則戌爲孤辰亥爲寡宿一也。以天地盤論。則地盤空爲孤。天盤空爲寡。發用臨地盤旬空謂之地盤空發用卽旬空謂之天盤空二也。以四季論。則春以巳爲孤。丑爲寡。夏以申爲孤。辰爲寡。秋以亥爲孤。未爲寡。冬以寅爲孤。戌爲寡。三也。三者之中。以四季之孤寡。爲眞孤辰寡宿。

(例一)　壬申日丑時戌將晝占

才 巳（陰）
子 寅（蛇）
兄 亥（勾）

寅	巳（陰）	巳	申（白）
巳	申	申	壬

寅（蛇）	卯（貴）	辰（后）	巳（陰）
丑（朱）			午（玄）
子（六）			未（常）
亥（勾）	戌（青）	酉（空）	申（白）

（解）戌爲二月將。於季爲春。發用巳爲春之孤辰是爲。孤辰格。

（例二） 甲戌日巳時丑將晝占

戌甲　辰巳午未
午戌　卯　申
午戌　寅　酉
寅午　丑子亥戌

（六）戌（鬼）
（白）午（子）
（后）寅（兄）

（解）丑爲十一月將。於季爲冬。發用戌爲冬之寡宿。是爲寡宿格。

（課象略釋）陰惆陽悵。百事乖張。六親無靠。背井離鄉。此課大體不吉。若兼三奇六儀課體。則能反禍爲福。凡事先破後成。

三十八　度厄課

三上尅下。或三下賊上。厥名度厄。統剝之體。六親冰炭之象也。

三上尅下。名幼度厄。三下賊上。名長度厄。

（例一）　甲子日丑時申將夜占

兄	寅	白
官	酉	朱
才	辰	玄

寅	貴未	辰	朱酉
未	子	酉	甲

常卯	辰玄	巳陰	午后
白寅			未貴
空丑			申蛇
青子	亥勾	戌六	酉朱

（解）第一第三第四課。均上尅下。上爲尊長。下爲卑幼。三上尅下。主卑幼有厄難。故名幼度厄。

（例二）　壬申日子時未將晝占

玄午才
朱丑官
白申父

戌	貴卯	丑	玄午
卯	申	午	壬

六子	朱丑	蛇寅	貴卯
勾亥			辰后
青戌			巳陰
酉空	申白	未常	午玄

（解）第一第三第四課。均下賊上。三下賊上。主尊長有厄難。故名長度厄。

（課象略釋）長幼相厄。骨肉多乖。出軍失利。行人有災。訟直終枉。病去復來。若日辰用神旺相。主幼得長力。長得幼力。可化凶爲吉。

三十九　無祿絕嗣課

四下賊上。厥名無祿。四上尅下。厥名絕嗣。統否之體。上下僭亂之象也。

(例一) 庚辰日辰時亥將夜占

貴午鬼
白丑父
朱申兄

玄卯	戌	青亥	午
庚	卯	辰	亥

空子	白丑	常寅	玄卯
青亥			辰陰
勾戌			巳后
酉六	申朱	未蛇	午貴

(解) 四課均下賊上。以下犯上。上祿被奪。故名無祿。

(例二) 己巳日寅時酉將夜占

蛇酉子
常辰兄
六亥才

未	勾子	酉	空寅
子	巳	寅	己

勾子	青丑	空寅	白卯
六亥			辰常
朱戌			巳玄
酉蛇	申貴	未后	午陰

（解）四課均上尅下。上不容下。而下難自存。故名絕嗣。他書多以四上尅下爲無祿。四下賊上爲絕嗣。於義似欠妥貼。特爲訂正。

（課象略釋）犯上凌下。父子分離。求謀不遂。動作多疑。三傳有救。方免災危。無祿課占病必死。兵訟後者勝。凡事靜而必動。絕嗣課不利卑小。兵訟先者勝。凡事動而必靜。

四十 迍福課

課得八迍。又兼五福。厥名迍福。統迍之體。先凶後吉之象也。

八迍者。八凶也。時令死氣發用。爲一迍。發用下爲時令旺氣所勝。爲二迍。仰見其坵。爲三迍。俯見其仇。爲四迍。乘凶將。爲五迍。刑害中傳。爲六迍。下賊上不止一課。爲七迍。日辰上神俱乘凶將。爲八迍。

(術語解釋) 坵卽墓也。仰見其坵者。發用爲日干之墓也。仇卽尅也。俯見其仇者。發用爲下神所尅。卽下賊上也。

五福者。五吉也。末傳旺相。爲一福。末傳乘吉將。爲二福。日德臨日辰或入傳。爲三福。年命上神尅初傳。爲四福。日辰上神。相生而不相尅。爲五福。

（例）癸酉日巳時戌將夜占。本命爲酉。

未	寅玄	亥	午蛇
寅	酉	午	癸

三傳	天將	六親
未	朱	鬼
子	白	兄
巳	貴	才

青戌	空亥	白子	常丑
勾酉			寅玄
六申			卯陰
未朱	午蛇	巳貴	辰后

（解）戌爲二月將。於季屬春。發用未爲死氣。加地盤寅。寅爲旺氣。癸墓在未。仰見坵也。下爲寅所尅。俯見仇也。乘朱雀凶將。害中傳子。（子未相害）三課均下賊上。干上午乘螣蛇。支上寅乘玄武。均凶將。是謂八迍。末傳巳爲相氣。乘貴人吉將。且爲日德。支上神寅。生干上神午。命上神寅。尅發用未。是謂五福。既遇八迍。又逢五福。有轉禍爲福之

徵。故名迍福。

（課象略釋） 八迍併用。殃禍戾止。得病垂危。遭官坐死。五福相逢。變憂爲喜。此課占一切均吉。

四十一 侵害課

日辰上各加害神。發用亦爲日或辰之害神。厥名侵害。統損之體。防人暗算之象也。

害神。卽六害也。詳第一卷中。子未爲勢家害。丑午與卯辰爲少淩長害。寅巳與申亥爲競強爭進害。酉戌爲鬼害。

（例） 癸丑日卯時申將晝占

玄午 癸
亥午
玄午 丑
亥午

朱丑 寅蛇 卯貴 辰后
六子 巳陰
勾亥 午玄
青戌 酉空 申白 未常

才 玄 午
兄 勾 亥
官 后 辰

（解）日上午爲癸寄宮丑之害神。辰上亦然。發用又爲午。有侵損阻害之徵。故名侵害。

（課象略釋）六親冰炭。骨肉刑傷。求婚人破。出陣軍亡。胎孕防墮。干謁不祥。若發用乘吉將。且兼德合。主事雖阻而終成。

四十二 刑傷課

日辰之刑神發用。厥名刑傷。統訟之體。大小不和之象也。刑神。卽三刑也。詳第一卷中。寅刑巳。巳刑申。申刑寅。爲無恩刑。丑刑戌。戌刑未。未刑丑。爲恃勢刑。子刑卯。卯刑子。爲無禮刑。

（例）甲申日寅時亥將晝占

蛇寅	朱卯	六辰	勾巳
貴丑			午青
后子			未空
亥陰	戌玄	酉常	申白

寅	勾巳	申	陰亥
巳	申	亥	甲

子	巳	勾
兄	寅	蛇
父	亥	陰

（解）發用巳。爲日支申之刑神。惡莫大於刑。刑必有傷。故名刑傷。

（課象略釋）　偏敧失位。諸欠安康。胎孕欲墮。婚姻不良。謀爲乖戾。行動遭殃。刑日不利於人。刑辰不利於宅。

四十三　二煩課

日月宿爲仲神。又臨仲神。且斗臨丑未。厥名二煩。統明夷之體。荆棘滿途之象也。

日宿臨仲神。名天煩。月宿臨仲神。名地煩。二宿均臨仲神。則名天地二煩。

日宿者。太陽躔度宮神。卽月將也。月宿者。太陰躔度宮神也。斗卽天罡辰也。

欲知太陰躔度宮神。須先明左之二事。

（一）　二十八宿之次序

室　壁　奎　婁　胃　昴　畢　觜　參　井　鬼
柳　星　張　翼　軫　角　亢　氐　房　心　尾
箕　斗　牛　女　虛　危

(二)　二十八宿所屬之宮

室壁在亥宮　奎婁在戌宮　胃昴畢在酉宮
觜參在申宮　井鬼在未宮　柳星張在午宮
翼軫在巳宮　角亢在辰宮　氐房心在卯宮
尾箕在寅宮　斗牛在丑宮　女虛危在子宮

既明右之二事。然後正月初一起室。二月初一起奎。三月初一起胃。四月初一起觜。五月初一起井。六月初一起柳。七月初一起翼。八月初一起角。九月初一起氐。十月初一起尾。十一月初一起斗。十二月初一起女。依二十八宿之次序數去。遇奎井張翼氐斗。則重留一日。數至占日。卽知月宿所在。再視其在何宮。是卽月宿躔度宮神也。例如欲查七月二十一日之月宿。則從初一起翼。翼應重留一日。初二仍爲翼。依次數下。三軫。四角。五亢。六氐。氐應重留一日。七仍爲氐。八房。九心。十尾。十一箕。十二斗。斗應重留一日。十三仍爲斗。十四牛。十五女。十六虛。十七危。十八室。十九壁。二十奎。奎應重留一日。二十一仍爲奎。奎在戌宮。乃知月宿爲戌。

正月從亥宮起。二月從戌宮起。三月從酉宮起。餘可類推。蓋逆行十二宮也。他書有言正月起室。二月起奎。三月起胃。四月起畢。五月起參。六月起鬼。七月起張。八月起角。九月起氐。

十月起尾。十一月起斗。十二月起虛者。似有謬誤。特爲訂正。

（例）九月初三丙午日午時卯將晝占

子	勾卯	亥	六寅
卯	午	寅	丙

蛇子鬼
陰酉才
白午兄

六寅	勾卯	青辰	空巳
朱丑			午白
蛇子			未常
亥貴	戌后	酉陰	申玄

（解）月將卯卽日宿。卯爲仲神。月宿則初一起氐。初二重留一日。仍爲氐。初三爲房。房在卯宮。卽月宿亦爲卯。下臨地盤午。亦爲仲神。辰在地盤未上。仲神又名敗神。日月入敗神之宮。臨敗神之鄉。丑未。貴人之首也。天罡凶神

臨其上。使貴人不能理事。門戶閉塞。三光不明。天翻地覆。煩惱無窮。故名二煩。

（課象略釋）男遇天煩。命遭刑戮。女遇地煩。身受蠱毒。征戰傷亡。疾病號哭。獄訟徒流。胎孕不育。此課極凶。春夏占得稍減輕。秋冬占得則無救。雖有吉將。無能爲力矣。

四十四　天禍課

四立日占得今日干支。加昨日干支。或昨日干支。加今日干支。厥名天禍。統大過之體。嫩草經霜之象也。

四立日者。立春立夏立秋立冬四日也。昨日者。四立日之前一日也。又名四絕日。

（例）正月甲申日立春亥時子將夜占

才 辰 六
子 巳 朱
子 午 蛇

	陰		勾
戌	酉	辰	卯
酉	申	卯	甲

蛇午	貴未	后申	陰酉
朱巳			戌玄
六辰			亥常
卯勾	寅青	丑空	子白

(解)甲申日立春。則前一日爲癸未。甲寄寅宮。癸寄丑宮。今寅在丑上。申在未上。是今日干支。加昨日干支也。四立日之前一日爲四絕日。四立日干支。加絕神干支。或絕神干支。加四立日干支。此四時之氣。德絕用刑。有上天降禍之徵。故名天禍。

(課象略釋)以新易舊。天降災禍。戰鬭流血。營墓喪偶。出行一死亡。干謁空走。若四立日值朔望。其凶尤甚。

四十五　天獄課

囚死發用。斗如日本。厥名天獄。統噬嗑之體。委靡不振之象也。

囚死者。時令囚死之氣也。日本者。日干之長生也。

（例）　甲申日午時亥將晝占

午	貴丑	子	空未
丑	申	未	甲

才	未	空
父	子	蛇
子	巳	常

	六戌	朱亥	蛇子	貴丑	
勾	酉			寅	后
青	申			卯	陰
	未空	午白	巳常	辰玄	

（解）亥爲正月將。於季爲春。發用未土爲死氣。辰在亥上。亥爲甲木長生。卽日本也。囚死發用。巳主死亡囚繫。辰爲天牢。復加日本之上。有入獄難脫之徵。故名天獄。

（課象略釋）日用迍邅。刑獄之愆。犯法難赦。染病未痊。出行凶甚。謀事徒然。臨陣遇此。無一生旋。若發用刑日干。且帶災刼等惡煞。卽災煞刼煞參觀附錄歲神煞表尤凶。雖乘青龍吉將。亦不能救矣。

四十六　天寇課

分至日占得月宿加離辰。厥名天寇。統蹇之體。時勢多艱之象也。

分至日者。春分秋分夏至冬至四日也。分至日之前一日。名四離日。離辰者。離日之支也。月宿已詳二煩課中。

(例) 八月初五日丁酉秋分卯時戌將晝占

亥	青辰	酉	六寅
辰	酉	寅	丁

鬼	亥	貴
兄	午	白
子	丑	朱

蛇子	朱丑	六寅	勾卯
貴亥			辰青
后戌			巳空
酉陰	申玄	未常	午白

(解) 丁酉秋分。前一日丙申爲離日。申卽離辰。八月中月宿。初一起角。數至初五爲房。房在卯宮。今卯加申。是月宿加離辰也。月乃金水之精。主刑殺。又加四離盜氣之辰。如天降凶寇。殃及人民。故名天寇。

（課象略釋）陰陽分離。事多破壞。盜賊猖狂。兵卒潰敗。疾病難瘳。孕育無礙。出行死亡。婚姻拆散。若月宿加離辰發用。爲禍尤速。宜靜不宜動。一動卽有生離死別之虞。

四十七　天綱課

用時與用神同尅日干。厥名天綱。統蒙之體。天綱四張之象也。

（例）庚辰日午時辰將夜占

子	勾寅	辰	貴午
寅	辰	午	庚

鬼　午　貴
父　辰　朱
才　寅　勾

六卯	朱辰	蛇巳	貴午
勾寅			未后
青丑			申陰
子空	亥白	戌常	酉玄

（解）發用與用時。均爲午火。尅日干庚金。時爲目前。用爲事

始。時與用既同爲日鬼。（尅日干者爲官鬼）如人舉目見天綱。故名天綱。
干前一位爲天羅煞。天羅煞之對冲爲地綱煞。若天綱課發用。同時又爲地綱煞者。名天羅地綱格。
（例）甲寅日酉時辰將夜占

朱酉 甲　常卯 玄辰 陰巳 后午
辰 酉　白寅 貴未
朱酉 寅　空丑 蛇申
辰 酉　青子 勾亥 六戌 朱酉

朱 酉 官
玄 辰 才
勾 亥 父

（解）發用與用時同爲酉金。尅日干甲木。是爲天綱。甲寄寅宮。寅前一位卯。爲天羅煞。卯之對冲酉。爲地綱煞。是天綱而兼地綱也。故名天羅地綱格。

天羅地綱。除右方所述外。尙有二義。干前一位爲天羅。支前一位爲地綱。一也。辰爲天羅。戌爲地綱。二也。如初傳爲干前一位神。末傳爲支前一位神。或初傳爲辰。末傳爲戌。亦名天羅地綱格。

(課象略釋) 天綱四張。萬物俱傷。胎孕損子。逃亡遭殃。兵防埋伏。病入膏肓。若末傳及年命有救神尅初傳。名解綱。可反凶爲吉。羅綱格主身宅俱不利。病危訟凶。謀爲多拙。傳中見丁馬。更凶。

四十八　魄化課

白虎帶死神死炁。臨日辰或行年發用。厥名魄化。統蠱之體。陰害相連之象也。

死神正月起巳。順行十二支。如左表。

月別	正	二	三	四	五	六	七	八	九	十	十一	十二
死神	巳	午	未	申	酉	戌	亥	子	丑	寅	卯	辰

死炁與旺相死囚休之死氣有別。正月起午。順行十二支。如左表。

月別	正	二	三	四	五	六	七	八	九	十	十一	十二
死炁	午	未	申	酉	戌	亥	子	丑	寅	卯	辰	巳

（例）六月壬戌日未時午將夜占。占八行年在亥。

鬼戌白
父酉常
父申玄

申	酉	酉	戌
酉	戌	戌	壬

蛇辰	貴巳	后午	陰未
朱卯			申玄
六寅			酉常
丑勾	子青	亥空	戌白

（解）白虎乘戌。臨日干及行年發用。戌在六月爲死神。虎本凶將。專刑殺。更與死神相會。臨日辰行年上。則必傷人。魄神勢難安居。故名魄化。

飛魂煞臨行年或日辰發用。名飛魂格。喪魄煞臨行年或日辰發用。名喪魄格。

飛魂煞正月起亥。順行十二支。喪魄煞正月在未。二月在辰。

三月在丑。四月在戌。周而復始。如左表

月別	正	二	三	四	五	六	七	八	九	十	十一	十二
飛魂	亥	子	丑	寅	卯	辰	巳	午	未	申	酉	戌
喪魄	未	辰	丑	戌	未	辰	丑	戌	未	辰	丑	戌

右列二格。舉例從略。

（課象略釋） 魂飛魄喪。憂患相仍。病必致命。訟將遭刑。產孕傷子。征戰損兵。動作招禍。切勿遠行。如發用爲日干之墓。則名白虎銜屍。凶不可言。飛魂格主夜多凶夢。恍惚不寧。有惡鬼爲祟。喪魄格主健者病。病者死。

四十九 三陰課

貴人逆布。日辰居後。發用囚死。厥名三陰。統中孚之體。羣陰黨惡之象也。

本課與三陽相對。故課體與三陽相反。他書皆以貴人逆治。日辰在後。初末傳囚死。發用乘玄武。時尅行年。爲三陰。支離駁雜。殊不足據。特爲訂正。

（例）　立春後驚蟄前癸丑日卯時子將夜占

未	白戌	未	白戌
戌	丑	戌	癸

白	戌　官
陰	未　鬼
蛇	辰　官

貴巳	后午	陰未	申玄
蛇辰			酉常
朱卯			戌白
六寅	勾丑	青子	亥空

（解）貴人臨地盤申上。應逆布。日支丑在貴人後。自貴人起順行五位謂之

在貴人前逆行六位謂之在貴人後就本課論午未申酉戌在貴人前辰卯寅丑子亥在貴人後子雖爲十二月將。然在立春後。當以春論。發用戌爲死氣。貴人逆布。陰氣不順。一也。日辰居天乙後。陰氣不伸。二也。用神囚死。陰氣不和。三也。故名三陰。

卌四逆格　初傳乘吉將。末傳乘凶將。爲一逆。初傳旺相。末傳囚死。爲二逆。天乙逆行。爲三逆。發用在天乙後。爲四逆。課中四者全備。名四逆格。

（課象略釋）　公私交困。百事沉淪，見官受屈。患病多迍。祿位難保。婚姻不成。若日辰發用帶墓。時尅行年。尤凶。遇飛魂喪魄等凶煞。占病必死。

五十　龍戰課

卯酉日占。卯酉發用。厥名龍戰。統離之體。門戶不甯之象也。卯酉日占。卯酉發用者。卯日占發用爲卯。酉日占發用爲酉也。

（例）　丁卯日辰時戌將晝占

	朱		陰
卯	酉	未	丑
酉	卯	丑	丁

常	卯	父
玄	酉	才
常	卯	父

貴亥	后子	陰丑	玄寅
蛇戌			卯常
朱酉			辰白
申六	未勾	午青	巳空

（解）本課爲卯日占。卯發用。酉日占酉發用之例可類推。二月建卯。陽氣南出。陰氣北入。八月建酉。陽氣北入。陰氣南出。陰氣主刑殺。陽氣主德生。其體如龍。一生一殺。相

戰於門。故名龍戰。

（課象略釋）合者將離。居者將徙。欲行不行。欲止不止。胎孕不安。財物弗聚。若行年又在卯酉。尤凶。

五十一　死奇課

斗罡加日辰發用。厥名死奇。統未濟之體。憂中望喜之象也。

斗罡卽天罡辰也。

（例）甲子日丑時巳將晝占

申	玄辰	戌	白午
辰	子	午	甲

玄	青	蛇
辰	申	子
才	鬼	父

勾酉	六戌	朱亥	蛇子
青申			丑貴
空未			寅后
午白	巳常	辰玄	卯陰

（解）辰爲天罡。加支神子發用。日月星爲天上三奇。日卽日宿。爲德奇。月卽月宿。爲刑奇。星卽天罡辰也。爲死奇。故名死奇。

（課象略釋）　辰爲天罡。刑獄之曜。疾病死徵。征戰凶兆。論訟被囚。干貴失靠。婚嫁出行。殃禍自召。加日。禍不出一旬。加辰。禍不出一月。

五十二　災厄課

喪車遊魂伏殃病符喪門弔客歲虎等諸凶煞發用。厥名災厄。統歸妹之體。惡鬼爲祟之象也。

喪車正月起未。逆行四季。游魂卽飛魂。已見魄化課中。伏殃又名天鬼。正月起酉。逆行四仲。病符爲歲後第一辰。喪門爲歲前第二辰。弔客爲歲後第二辰。歲虎爲歲後第四辰。具如左之二表。

（一）關於月者

月別	喪車	伏殃
正	未	酉
二	辰	午
三	丑	卯
四	戌	子
五	未	酉
六	辰	午
七	丑	卯
八	戌	子
九	未	酉
十	辰	午
十一	丑	卯
十二	戌	子

（二）關於歲者

歲別	病符
子	亥
丑	子
寅	丑
卯	寅
辰	卯
巳	辰
午	巳
未	午
申	未
酉	申
戌	酉
亥	戌

喪門	卯	辰	巳	午	未	申	酉	戌	亥	子	丑	寅
弔客	戌	亥	子	丑	寅	卯	辰	巳	午	未	申	酉
歲虎	申	酉	戌	亥	子	丑	寅	卯	辰	巳	午	未

(例)亥年正月乙亥日卯時亥將夜占

后　白　六
才未　兄卯　父亥

勾子　乙
后未　亥
申　子
卯　未

常辰　玄巳　陰午　后未
白卯　　　　申貴
空寅　　　　酉蛇
青丑　勾子　六亥　戌朱

(解)亥年未爲歲虎。正月未爲喪車。發用乘歲月凶煞。有遭災遇厄之徵。故名災厄。

（課象略釋）災厄重重。妖孽爲害。疾病死亡。財喜破壞。婚孕多凶。征戰大敗。凶煞尚多。不止前列數種。詳見增錄歲月神煞表中。

五十三　殃咎課

三傳遞尅日干。或三傳神將內外戰。或初傳遭夾尅。或干支乘墓坐墓。厥名殃咎。統解之體。內外凌辱之象也。

三傳遞尅日干。有二義。初傳尅中傳。中傳尅末傳。末傳尅日干。一也。末傳尅中傳。中傳尅初傳。初傳尅日干。二也。將尅神謂之外戰。如白虎乘卯。白虎屬金。尅卯木。朱雀乘申。朱雀屬火。尅申金。均將尅神也。神尅將謂之內戰。如白虎乘午。午火尅白虎金。朱雀乘亥。亥水尅朱雀火。均神尅將也。乘墓者。干上支上各乘墓神也。坐墓者。干下支下各見墓神也。夾尅者。用神下既受尅。上又遭將尅。即下賊上發用。而又遇神將外戰也。

（例一）辛酉日寅時未將夜占

父	未	蛇
子	子	空
鬼	巳	后

未	寅常	申	卯玄
寅	酉	卯	辛

勾戌	青亥	空子	白丑
六酉			常寅
朱申			玄卯
蛇未	貴午	后巳	陰辰

（解）初傳未土。尅中傳子水。中傳子水。尅末傳巳火。末傳巳火。尅日干辛金。此三傳遞尅之一例也。

（例二）丙寅日巳時子將晝占

子(蛇)　鬼
未(常)　子
寅(六)　父

子(蛇)丙
未子
酉(陰)寅
辰酉

卯(勾)辰(青)巳(空)午(白)
寅(六)　　　未(常)
丑(朱)　　　申(玄)
子(蛇)亥(貴)戌(后)酉(陰)

（解）末傳寅木。尅中傳未土。中傳未土。尅初傳子水。初傳子水。尅日干丙火。此三傳遞尅之又一例也。

（例三）戊寅日子時午將夜占

寅(白)　鬼
申(蛇)　子
寅(白)　鬼

亥(勾)戊
巳亥
申(蛇)寅
寅申

寅(白)卯(常)辰(玄)巳(陰)
丑(空)　　　午(后)
子(青)　　　未(貴)
亥(勾)戌(六)酉(朱)申(蛇)

（解）初末傳寅乘白虎金。中傳申乘螣蛇火。均將尅神。此三傳神將外戰之例也。

（例四）戊子日寅時申將晝占

白 午 父
蛇 子 才
白 午 父

朱 亥　巳　白 午　子
戌　亥　子　午

后 寅　卯 陰　辰 玄　巳 常
貴 丑　　　　　午 白
蛇 子　　　　　未 空
朱 亥　六 戌　勾 酉　申 青

（解）初末傳午乘白虎金。中傳子乘螣蛇火。均神尅將。此三傳神將內戰之例也。

（例五）丙寅日亥時辰將晝占

戌丙　卯戌　未寅　子未

陰丑　寅玄　卯常　辰白
后子　　　　　　　巳空
貴亥　　　　　　　午青
蛇戌　朱酉　六申　未勾

后子鬼
空巳兄
蛇戌父

（解）戌爲丙墓。十干墓也。未爲寅木墓。五行墓也。此干支上各乘墓神之例也。

（例六）丙寅日卯時戌將晝占

蛇子丙　未子　陰酉寅　辰酉

勾卯　青辰　空巳　白午
六寅　　　　　　　常未
朱丑　　　　　　　玄申
蛇子　貴亥　后戌　陰酉

蛇子鬼
常未子
六寅父

（解）丙寄巳宮。巳在地盤戌上。戌爲丙墓。寅在地盤未上。未爲寅木墓。此干下支下各見墓神。即坐墓之例也。

（例七）壬寅日巳時子將夜占

后	午	才
勾	丑	官
玄	申	父

辰	常酉	丑	后午
酉	寅	午	壬

青子	勾丑	六寅	朱卯
空亥			辰蛇
白戌			巳貴
酉常	申玄	未陰	午后

（解）發用午。上乘天后。下臨亥水。此初傳遭夾尅之例也。

右列數例。或遞尅。或夾尅。或外戰。或內戰。或乘墓。或坐墓。內憂外患。相逼而來。均有殃禍災咎之徵。故名殃咎。

（課象略釋）五行尅賊。多凶少吉。病勢較危。訟事難息。民罹罪愆。官遭彈劾。遞尅主被人欺侮。夾尅主身不自由。受人驅策。內外戰主家法不正。醜聲四播。占病訟極凶。乘墓主人宅各欠亨通。坐墓主人宅自招禍晦。

五十四　九醜課

戊子戊午壬子壬午乙卯乙酉己卯己酉辛卯辛酉十日中。用時爲四仲。丑加仲神上發用。厥名九醜。統小過之體。上下迍邅之象也。

乙者。雷始震之日。戊己者。北辰下降之日。辛者。萬物斷絕之日。壬者。三光不照之日。子爲冬至。以陽易陰。午爲夏至。以陰易陽。卯爲春分。陽盛陰絕。酉爲秋分。陰盛陽絕。以刑殺不正之五干。合陰陽易絕之四支。厥數凡九。此十日名九醜日。

(例)　乙卯日子時戌將晝占

亥	丑	子	寅朱
丑	卯蛇	寅	乙

空午	未白	申常	酉玄
青巳			戌陰
勾辰			亥后
六卯	朱寅	蛇丑	子貴

才	丑	蛇
父	亥	后
鬼	酉	玄

(解)　乙卯日丑加仲神午發用。用時子亦爲仲神。丑爲明堂。諸神奏事之處也。今遇九醜日加四仲發用。故名九醜。如剛日日辰在天乙前。爲重陽。主害父。柔日日辰在天乙後。爲重陰。主害母。占得此課。若無吉將解救。必見災禍。近則三月。遠則三年。如發用更乘大小時煞。禍不出

月。大時煞正月起卯。逆行四仲。小時煞卽月建也。如左表。

月別	正	二	三	四	五	六	七	八	九	十	十一	十二
大時	卯	子	酉	午	卯	子	酉	午	卯	子	酉	午
小時	寅	卯	辰	巳	午	未	申	酉	戌	亥	子	丑

（課象略釋）剛日男凶。柔日女禍。重陽害父。重陰害母。婚姻有災。營造無補。諸事謀爲。身心徒苦。此課占嫁娶移徙等事。均大忌。乘吉將禍淺。乘凶將禍深。

五十五、鬼墓課

日辰之墓神。兼日鬼發用。厥名鬼墓。統困之體。守己待時之象也。

（例）壬申日丑時午將夜占

午	常丑	酉	后辰
丑	申	辰	壬

后	辰	鬼
勾	酉	父
玄	寅	子

青戌	空亥	白子	常丑
勾酉			寅玄
六申			卯陰
未朱	午蛇	巳貴	辰后

（解）發用辰爲壬墓。辰土尅壬水。與日相比。是日鬼也。既爲日墓。又爲日鬼。故名鬼墓。

（課象略釋）五行尅賊。立於墓鄉。盜賊難獲。家宅不昌。財防虛耗。病必顚狂。諸事暗塞。只宜退藏。此課日鬼發用。若爲旺相氣。兼乘德神。占求官則大利。蓋求官以官鬼爻爲主也。餘占均凶。

貴人臨卯酉。厥名勵德。統隨之體。反覆不定之象也。

五十六　勵德課

(例)　戊子日申時午將晝占

貴	丑	兄	
陰	亥	才	
常	酉	官	

朱卯	丑	玄戌	申
戊	卯	子	戌

青午	勾巳	六辰	朱卯
空未			蛇寅
白申			貴丑
常酉	玄戌	陰亥	后子

(解)　戊日晝占。貴人在丑。臨地盤卯。是卽貴人臨卯酉之例。卯酉爲陰陽交易之位。貴人臨之。可進可退。爲天道福善禍淫。奬勵有德之徵。故名勵德。

占得勵德課。若日辰陰陽二神。均在貴人之前。名蹉跎格。利平民不利貴官。若日辰陰陽二神。均在貴人之後。名徵服格。利貴官不利平民。日辰陰陽二神云者。四課之上一字也。第一課之上一字。爲日之陽神。第二課之上一字。爲日之陰神。第三課之上一字。爲辰之陽神。第四課之上一字。爲辰之陰神。

(課象略釋)　陽神前引。陰神後隨。君子則吉。小人則危。陰神前立。陽神後居。小人得意。君子失機。此課大體主遷動官位。平民占得。則身宅不安。宜謝土神。若爲蹉跎格。則適得其反。

五十七　盤珠課

歲月日時及三傳。均在四課之上。厥名盤珠。統大壯之體。鳳集丹山之象也。

（例）戌年丑月甲子日丑時子將晝占

父	子	后
父	亥	陰
才	戌	玄

戌	亥陰	子	丑貴
亥	子	丑	甲

六辰	勾巳	青午	空未
朱卯			白申
蛇寅			常酉
丑貴	子后	亥陰	戌玄

（解）歲建爲戌。在第四課上。日支爲子。在第二課上。月建及時均爲丑。在第一課上。三傳子亥戌。順次在第二第三第四課上。是年月日時及三傳。均在四課上也。四建（即年月日時）與課傳。互相聯絡。如盤中走珠。不出於外。故名盤

珠。

（課象略釋）　三傳四建。會合非常。吉則成福。凶則成殃。賊未出境。行人還鄉。陰私解釋。事反不良。此課休咎。因所占之事而異。占吉事則主吉。占凶事則主凶。如僅有四建在四課上。名天心格。占遠事可望成就。僅有三傳在四課上。名回還格。占謀爲可望得遂。

五十八　全局課

三傳適爲三合。或全屬土。厥名全局。統大畜之體。同類懽會之象也。

三合卽行合。已見第一卷中。三合爲水。名潤下格。三合爲火。名炎上格。三合爲木。名曲直格。三合爲金。名從革格。三傳全屬土。名稼穡格。

（例一） 乙酉日丑時巳將晝占

官 申 勾
父 子 貴
才 辰 常

巳	后丑	子	勾申
丑	酉	申	乙

六酉	朱戌	蛇亥	貴子
勾申			丑后
貴未			寅陰
午空	巳白	辰常	卯玄

（解）三傳申子辰。合爲水局。水曰潤下。此潤下格之例也。

（例二） 甲戌日午時戌將晝占

后寅兄
白午子
六戌鬼

白午甲
戌午
后寅戌
午寅

蛇子　貴丑　后寅　陰卯
朱亥　　　　　　　玄辰
六戌　　　　　　　常巳
勾酉　青申　空未　白午

（解）三傳寅午戌。合爲火局。火曰炎上。此炎上格之例也。

（例三）乙未日巳時酉將晝占

蛇亥父
玄卯兄
青未才

勾申乙
子申
蛇亥未
卯亥

貴子　后丑　陰寅　玄卯
蛇亥　　　　　　　常辰
朱戌　　　　　　　白巳
六酉　勾申　青未　空午

（解）三傳亥卯未。合爲木局。木曰曲直。此曲直格之例也。

（例四）　癸酉日寅時午將夜占

巳	丑常	酉	巳貴
丑	酉	巳	癸

勾酉 父
常丑 鬼
貴巳 才

勾酉	青戌	空亥	白子
六申			丑常
朱未			寅玄
午蛇	巳貴	辰后	卯陰

（解）三傳酉丑巳。合為金局。金曰從革。此從革格之例也。

（例五）　乙丑日卯時午將晝占

青未 鬼
朱戌 官
后丑 鬼

未	辰常	戌	未青
辰	丑	未	乙

勾申	六酉	朱戌	蛇亥
青未			子貴
空午			丑后
巳白	辰常	卯玄	寅陰

（解）三傳未戌丑。均屬土。土曰稼穡。此稼穡格之例也。

以上五例。均係三方神全入傳。合成一局。故名全局。

（課象略釋）三方會合。萃成一氣。吉事必成。凶事難避。婚姻美滿。謀爲大利。此課若干支上有一神。與中傳作六合。如子與丑合寅與亥合之類凡事主有人相助。全無阻滯。惟占病訟則凶。因病訟宜散不宜合也。三傳中若有一傳。與干支上神作刑冲破害。名三合犯殺。主合中不合。如與人合作。須防笑裏藏刀。

此課各格。均有其特殊之課象。分載於斷法篇中。茲姑不贅。就大體論。凡事主叢雜不一。一事去。又一事來。須賴多人扶助。方可成就。

五十九　玄胎課

三傳俱屬孟神。厥名玄胎。統家人之體。開花結子之象也。

孟神者。寅申巳亥也。詳第一卷中。

（例）甲寅日寅時巳將晝占

青申　鬼
朱亥　父
后寅　兄

常巳甲
申巳
常巳寅
申巳

朱亥　蛇子　貴丑　寅后
六戌　　　　　　　卯陰
勾酉　　　　　　　辰玄
青申　空未　白午　巳常

（解）三傳申亥寅。均屬孟神。四孟為五陽干之長生。又在五陽干受氣之位。是玄中有胎也。故名玄胎。

甲長生在亥。丙戊長生在寅。庚長生在巳。壬長生在申。

故曰四孟為五陽干長生也。受氣者。胎前一位之絕神也。甲絕於申。丙戊絕於亥。庚絕於寅。壬絕於巳。故曰又在五陽干受氣之位也。

（課象略釋）　四生之局。懷胎成形。官加爵位。婚獲娉婷。病難速愈。財可大興。道途跋涉。戀生不行。此課若父母支發用。主尊長有災。子孫爻發用。值空亡。名玄胎不育。主百事無成。占子息尤艱。發用乘天后。值空亡。則主因孕傷母。

此體大體。雖為新鮮喜慶之象。然多身喜心憂。事主遠而多伏。觸則成禍。若兼反吟課體。則為絕胎。雖開花而不結子矣。

六十　連珠課

三傳相連續。厥名連珠。統復之體。山外青山之象也。

三傳連續。有順逆之分。寅卯辰。卯辰巳等爲順。名進連珠。亥戌酉。戌酉申等爲逆。名退連珠。

（例）　壬午日丑時寅將夜占

申	未（朱）	丑	子（白）
未	午	子	壬

官	丑	常
子	寅	玄
子	卯	陰

（蛇）午	（朱）未	（六）申	（勾）酉
（貴）巳			戌（青）
（后）辰			亥（空）
卯（陰）	寅（玄）	丑（常）	子（白）

（解）三傳丑寅卯。相連若貫珠。故名連珠。

（課象略釋）陰陽夾拱。奇偶有主。凶則重重。吉亦累累。孕必連胎。事當續舉。時旱多晴。天陰久雨。此課主吉凶各重疊不已進。連珠事順。退連珠事逆。

六十一　間傳課

三傳均相間一位。厥名間傳。統巽之體。陰陽升降之象也。間傳曲天地盤相間二位而成。有順逆之分。綜計順得十二。逆得十二。應有二十四種。然考其實際。入傳者僅有十九種。他書言有二十四種者。蓋未深考也。

（例一）　甲子日寅時辰將晝占

六辰	午	蛇寅	辰
甲	辰	子	寅
玄戌	常酉	白申	空未
亥陰			青午
子后			勾巳
丑貴	寅蛇	卯朱	辰六

六	辰	才
青	午	子
白	申	鬼

(解)三傳辰午申。爲順間傳之第一種。名登三天格。蓋巳午未申四位爲天。辰爲龍。辰居巳申之上。有龍登於天之象。故名登三天。

(課象略釋)雲行雨施。澤及萬物。官職遷動。惟忌空脫。空即旬空脫爲我所生曰脫如甲乙日見巳午庚辛日見亥子之類蓋即子孫爻也 此課占爭訟範圍擴大。占疾病症候增重。占盜賊必來。占行人即至。久旱而占則雨。

(例二)　乙丑日辰時午將夜占

朱午　乙　陰戌　亥玄　子常　丑白
申　午　后酉　寅空
青卯　丑　貴申　卯青
巳　卯　蛇未　朱午　六巳　辰勾

官　申　貴
才　戌　陰
父　子　常

(解)三傳申戌子。爲順間傳之第二種。名涉三淵格。蓋亥子丑寅屬地。由申傳子。有臨深淵之象。故名涉三淵。

(課象略釋)　臨淵履冰。戰戰競競。疾病難愈。謀望不成。此課占盜賊不來。占行人不至。久雨而占則晴。

(例三)　壬申日巳時未將夜占

常丑壬　青戌亥空子白丑常
卯丑　勾酉　寅玄
青戌申　六申　卯陰
子戌　朱未蛇午貴巳辰后

白子兄
玄寅子
后辰鬼

（解）三傳子寅辰。爲順間傳之第三種。名向三陽格。蓋子屬北方幽暗之鄉。而寅辰爲日出之方。有向三陽之象。故名向三陽。

（課象略釋）自暗入明。先凶後吉。病愈訟解。人甯事息。此課占一切事均吉。

（例四）辛未日丑時卯將夜占

空子　寅　六酉　亥
辛　子　未　酉

勾戌　六酉　朱申　蛇未
亥青　　　　午貴
子空　　　　巳后
丑白　寅常　卯玄　辰陰

常寅　才
陰辰　父
貴午　官

（解）三傳寅辰午。爲順間傳之第四種。名出三陽格。蓋午後陰生。自寅傳午。有出三陽之象。故名出三陽。

（課象略釋）出陽入陰。闇塞不明。謀爲動作。殃咎相仍。此課占病訟均凶。

（例五）癸酉日亥時丑將夜占

丑	亥空	巳	卯陰
亥	酉	卯	癸

青戌	空亥	白子	常丑
勾酉			寅玄
六申			卯陰
朱未	蛇午	貴巳	辰后

常丑 鬼
陰卯 子
貴巳 才

(解)三傳丑卯巳。爲順間傳之第五種。名出戶格。蓋卯爲門戶。巳爲地戶。自丑傳巳。有出戶之象。故名出戶。

(課象略釋)出戶而去。訪問無從。君子則吉。小人則凶。此課占盜賊難獲。占行人不歸。

(例六)己丑日未時酉將晝占

鬼 卯 玄
父 巳 白
兄 未 青

巳	玄卯	亥	六酉
卯	丑	酉	己

青未	勾申	六酉	朱戌
空午			蛇亥
白巳			貴子
常辰	玄卯	陰寅	后丑

（解）三傳卯巳未。為順間傳之第六種。名盈陽格。蓋卯巳為陽。未為陰之始。自卯傳未。有日中將仄之象。故名盈陽。

（課象略釋）日中將仄。稍縱卽逝。事宜急進。切勿濡滯。此課占一切事。急進則吉。緩進則凶。

（例七）　癸未日辰時午將晝占

朱	巳	才
勾	未	鬼
空	酉	父

	空		貴
亥	酉	巳	卯
酉	未	卯	癸

勾未	青申	空酉	白戌
六午			亥常
朱巳			子玄
辰蛇	卯貴	寅后	丑陰

(解)三傳巳未酉。爲順間傳之第七種。名變盈格。蓋陽至午而盈。未爲一陰。酉爲二陰。自巳傳酉。有月盈則缺之象。故名變盈。

(課象略釋)月盈則缺。樂不可極。一意孤行。載胥及溺。此課占一切事均凶。占官被黜。占疾病。新病者死。久病者愈。

(例八)癸巳日子時寅將夜占

朱未鬼
勾酉父
空亥兄

酉	朱未	巳	陰卯
未	巳	卯	癸

朱未	六申	勾酉	青戌
蛇午			空亥
貴巳			白子
后辰	陰卯	玄寅	常丑

（解）三傳未酉亥。爲順間傳之第八種。名入冥格。蓋酉亥爲日冥之時。有陽消陰長之象。故名入冥。

（課象略釋）夕陽西下。天將昏黑。急起直追。時不可失。此課占一切事宜急進。緩則不及。占病訟均凶。占官不利。

（例九）丁酉日申時戌將晝占

朱　　貴　　　蛇　　貴　后　陰
酉　亥　丑　　戌　亥　子　丑
丁　酉　酉　亥

朱　酉　　　　寅　玄
六　申　　　　卯　常
勾　未　午青　巳空　辰白

朱　酉　才
貴　亥　鬼
陰　丑　子

（解）三傳酉亥丑。爲順間傳之第九種。名凝陰格。蓋亥丑屬北方冬令。有嚴霜堅冰之象。故名凝陰。

（課象略釋）嚴霜堅冰。陰氣凝結。正不敵邪。奸淫盜竊。此課主幽暗不明。占一切事均凶。

（例十）己卯日午時申將晝占

才　蛇亥
兄　后丑
鬼　玄卯

未	白巳	亥	六酉
巳	卯	酉	己

青未	勾申	六酉	朱戌
空午			亥蛇
白巳			子貴
辰常	卯玄	寅陰	丑后

(解)三傳亥丑卯。為順間傳之第十種。名溟濛格。蓋亥丑為極陰。卯為微陽。二陰之下。見微陽。正在溟濛之時也。故名溟濛。

(課象略釋)陰盛陽微。將明未明。進退失據。憂懼不甯。此課占一切事欠眞實。且難速決。

以上十種。為順間傳。缺午申戌、戌子寅二種。午申戌名出三天格。戊子寅名入三淵格。徒有其名。並無其課也。

（例十一）壬午日辰時寅將夜占

常酉　壬
未　酉
蛇辰　午
寅　辰

后午	未陰	申玄	酉常
貴巳			戌白
蛇辰			亥空
朱卯	六寅	勾丑	子青

子　寅　六
兄　子　青
鬼　戌　白

（解）三傳寅子戌。爲逆間傳之第一種。名冥陰格。蓋寅爲日出之方。子戌陰氣盛旺。自寅傳戌。有陽退入陰之象。故名冥陰。

（課象略釋）白日忽匿。氣象陰慘。鬼蜮在前。須防暗損。此課占官祿最凶。

（例十二）壬子日卯時丑將晝占

青	戌	鬼
白	申	父
玄	午	才

	青		空
申	戌	未	酉
戌	子	酉	壬

貴卯	后辰	陰巳	玄午
蛇寅			常未
朱丑			白申
六子	勾亥	青戌	空酉

（解）三傳戌申午。爲逆間傳之第二種。名悖戾格。蓋戌申爲陰地。午爲一陽始生之處。自深退淺。有悖逆乖戾之象。故名悖戾。

（課象略釋）不進而退。悖戾之徵。強進有禍。逃避不能。此課占行人不至。占盜賊不獲。

(例十三) 辛亥日巳時卯將晝占

勾午官
朱辰父
貴寅才

空申	午	勾酉	未
辛	申	亥	酉

勾午	未青	申空	酉白
六巳			戌常
朱辰			亥玄
蛇卯	貴寅	后丑	子陰

(解) 三傳午辰寅。爲逆間傳之第三種。名顧祖格。蓋午爲寅之子孫。寅乃午之長生。自午傳寅。有子孫囘顧其祖宗之象。故名顧祖。

(課象略釋) 子來覗母。復其舊居。遊子心動。歸歟歸歟。此課占求財謀望均吉。惟庚日占病則凶。

(例十四) 丙辰日子時戌將夜占

空卯　丑　青寅　子
丙　卯　辰　寅

玄午　未陰　申后　酉貴
常巳　　　　戌蛇
白辰　　　　亥朱
空卯　青寅　勾丑　子六

勾丑子
朱亥官
貴酉才

(解) 三傳丑亥酉。為逆間傳之第四種。名極陰格。蓋丑亥酉均屬陰方。自丑傳酉。達乎陰之極處。故名極陰。

(課象略釋) 極陰之地。邪氣所乘。荒淫無度。酒色是耽。此課主淫亂。占病必死。

（例十五）癸丑日申時午將晝占

勾亥兄
空酉父
常未鬼

勾亥	酉	勾亥	酉
癸	亥	丑	亥

玄午	常未	白申	空酉
陰巳			青戌
后辰			勾亥
貴卯	蛇寅	朱丑	六子

（解）三傳亥酉未。爲逆間傳之第五種。名時遁格。蓋酉爲太陰。未中有丁。可以隱遁潛形。故名時遁。

（課象略釋）六丁前導。遁跡潛形。行人不至。盜賊難尋。此課占病訟均吉。

（例十六）乙亥日午時辰將夜占

后酉鬼
蛇未才
六巳子

空寅　子　后酉　未
乙　寅　亥　酉

朱午　未蛇　申貴　酉后
六巳　　　　　　　戌陰
勾辰　　　　　　　亥玄
青卯　寅空　丑白　子常

（解）三傳酉未巳。爲逆間傳之第六種。名勵明格。蓋巳爲陽明之地。自酉傳巳。有從暗入明之象。故名勵明。

（課象略釋）自暗入明。勉強而行。前途坦蕩。所欲從心。此課士人占得。宜取祿位。平民占得。宜早營運。

（例十七）乙酉日未時巳將夜占

蛇未才
六巳子
青卯兄

空寅　子　蛇未　巳
乙　　寅　酉　　未

朱午　未蛇　申貴　酉后
六巳　　　　　　　戌陰
勾辰　　　　　　　亥玄
青卯　空寅　白丑　子常

（解）三傳未巳卯。爲逆間傳之第七種。名回明格。蓋未爲一陰。巳卯爲二陽。由陰至陽。有缺月漸圓之象。故名回明。

（課象略釋）　生明生魄。缺月漸圓。循序而進。殃咎自消。此課主事宜緩進。不宜急進。吉事漸成。凶事漸散。久雨而占則晴。

（例十八）　癸未日酉時未將晝占

陰巳　才
貴卯　子
朱丑　鬼

勾
亥　酉　陰巳　卯
癸　亥　未　巳

玄午　未常　申白　酉空
陰巳　　　　　　戌青
后辰　　　　　　亥勾
貴卯　寅蛇　丑朱　子六

（解）　三傳巳卯丑。爲逆間傳之第八種。名轉悖格。蓋巳卯爲二陽。丑乃純陰。自巳傳丑。棄明投暗。悖戾殊甚。故名轉悖。

（課象畧釋）　棄明投暗。正路弗由。敗家之子。放心難求。此課主家業凋落。作事不循正軌。不肯安分守命。

（例十九）己酉日午時辰將夜占

青卯鬼
白丑兄
玄亥才

六巳己
卯巳
蛇未酉
巳未

朱午 蛇未 貴申 酉后
六巳 戌陰
勾辰 亥玄
青卯 空寅 白丑 子常

（解）三傳卯丑亥。為逆間之第九種斷澗格。蓋卯為一陽。丑亥為二陰。自卯傳亥。一陽入二陰。有投入澗底之象。故名斷澗。

（課象略釋）懸崖下墜。斷澗絕流。戈名求利。一切都休。此課仕宦占得主退職。平民占得主遭殃。

以上九種爲逆間傳。缺子戌申、申午辰、辰寅子三種。子戌申名偃蹇格。申午辰名凝陽格。辰寅子名涉疑格。亦僅有其名。並無其課也。

右列十九種。三傳均相間一位。故名間傳。其課象因格而異。故特各舉一例以釋之。不能下概括之斷語也。

六十二　六純課

三傳及四課上神俱屬陽。或俱屬陰。厥名六純。統革之體。天淵懸隔之象也。

(例一)　甲子日卯時未將晝占

玄辰才
青申鬼
蛇子父

申	玄辰	戌	白午
辰	子	午	甲

勾酉	六戌	朱亥	蛇子
青申			丑貴
空未			寅后
午白	巳常	辰玄	卯陰

（解）三傳辰申子。四課上神午戌辰申。俱屬陽。名六陽格。

（例二）丁丑日寅時午將夜占

貴酉才
常丑子
勾巳兄

酉	勾巳	卯	陰亥
巳	丑	亥	丁

貴酉	后戌	陰亥	玄子
蛇申			丑常
朱未			寅白
午六	巳勾	辰青	卯空

（解）三傳酉丑巳。四課上神亥卯巳酉。俱屬陰。名六陰格。

右列二例。課傳係純陽。或純陰。故名六純。

間傳課雖多數包含在六純課中。然既另立一體。則六純課自當將間傳課除外也。

（課象略釋）六陽動達。如登三天。私凶公吉。官職陞遷。六陰朦昧。似墜重淵。公凶私吉。病患纏綿。此課占孕六陽主男。六陰主女。

結論

以上列舉課體。共得六十二種。以卦體配之。尚缺二種。蓋已佚而不可考矣。

他書於上述六十二種外。尚有物類課及雜狀課二種。以補足六十四課之數。實則物類及雜狀二課。名異而實同。均取初傳動爻。以別五行之純雜。六親之遠近。物體之新舊。數目之多寡。顏色之淺深。蓋六壬中射覆法也。（射覆詳第五卷中）其法普徧於七百二十課。並非自成一體。前人以課體不全。遂牽強坿會。配以卦名。殊無理由之可言也。

課體雖一定。而課式之變化則萬殊。因一課式也。因晝占夜占之不同。而天將異矣。因歲建之不同。而歲神煞又異矣。（參觀坿錄歲神煞表）因月建之不同。而月神煞又異矣。（參觀坿錄月神煞表）因占人行年本命之不同。而五行之生尅制化又異矣。精密計算之。每一式可化為四萬一千四百七十二式。再以七百二十乘之。共得二千九百八十五萬九千八百四十式。可以算式表之如左。

$720 \times 2 \times 12^4 = 29859840$

課式之複雜既如是。故課體雖有吉有凶。而吉者未必皆吉。凶者未必皆凶。若僅以課體斷休咎。未有不失之毫釐。差以千里者矣。蓋判斷休咎。必須將年命之生尅。時令之衰旺。神煞之喜忌等。融會而貫通之。始能不差累黍。課體不過一種補助之資料已耳。故本編僅釋其大要。至於詳細之論斷。須俟諸後篇。讀者幸勿譏其簡畧也。

壬學大成 六壬鑰 卷四

虞山蔣問天著

斷法篇上　通論

壬式錯綜變化。複雜至不可究詰。同一課也。因占人行年本命之不同。而斷法異焉。因歲月建之不同。而斷法又異焉。不特此也。行年本命同矣。歲月建又同矣。而判斷之法。又各隨其所觸之機。而未必皆同。故一課千異人占之各異。一占千萬人應之不同。現於外者爲課式。可知者也。隱於內者爲心靈。不可知者也。本篇僅就可知者。加以探究。其不可知者。則仍須學者之自行闡發也。

占斷之次序。約分爲八。曰先鋒。曰直事。曰外事。曰內事。曰發端。

曰移易。曰歸計。曰變體。先鋒者。用時也。神機兆於動。吉凶禍福。皆從此一字而生。故謂之先鋒。直事者。月將也。有月將而後天盤可定。故謂之直事。外事者。日干也。凡占以日干爲人。動作謀爲。皆主乎日。生尅制化。皆應乎干。故謂之外事。內事者。支辰也。凡占以支辰爲宅。欲知宅之盛衰。須審支之休旺。欲知事之禍福。須察支之吉凶。故謂之內事。發端者。初傳也。凡占以初傳爲事之始應。傳吉事吉。傳凶事凶。禍福之端。皆從此發。故謂之發端。移易者。中傳也。凡占以中傳爲事之中應。初吉中凶。事由吉而變凶。初凶中吉。事由凶而轉吉。有變動未定之象。故謂之移易。歸計者。末傳也。凡占以末傳爲事之終應。初中雖凶。末傳却吉。事終有成。初中雖吉。末傳却凶。事終不濟。欲計其究竟。須視末傳。故謂之歸計。變體者。年命也。命為身之應。年為用之。助傳有一定吉凶。人有各殊年命。傳財本吉。年命見官鬼而成凶。傳鬼本凶。年命見子孫而成吉。課傳之吉凶。每隨年命而變易。故謂之變體。

右列八項之中。先鋒直事二者。為佈式之要素。吉凶禍福未露。無論述之必要。移易歸計二者。從發端產生。不啻為發端之坿屬品。亦非重要之項。所當詳論者。日辰發用及年命而已。占斷之資料。除生尅制化外。端賴十二神將。及各種重要神煞。故本篇於論日辰發用年命之後。依次論列。兼及陰神遁干。而殿之以克應。讀者苟能融會而貫通之。壬學之能事畢矣。

第一節 論日辰

日辰各有所屬。日爲人。辰爲宅。此壬式之正軌也。論其變。則占婚姻以日爲男。辰爲女。占詞訟以日爲告訴人。辰爲受訴人。占疾病以日爲病人。辰爲所患之病。占胎產以日爲子。辰爲女。占交易以日爲人。辰爲物品。占墳墓以日爲生人。辰爲亡人之墓。占奴僕以日爲主。辰爲僕。占出行以日爲住爲陸。辰爲行爲水。占謀望以日爲我。辰爲我所求之人。占交戰以日爲我軍。辰爲敵軍。占動靜以日爲動。辰爲靜。事類紛繁。不遑細舉。一言以蔽之。則日爲主體爲陽。辰爲客體爲陰也。

日上神生日。如甲日占第一課子甲之類諸事皆吉。晝占主有人助。夜占主有神庇。

日上神尅日。如甲日占第一課申甲之類諸事皆凶。晝占主被人害。夜占主被鬼擾。
日生日上神。如丙日占第一課未丙之類主耗損。日尅日上神。如丙日占第一課申丙之類主抑塞。
日上神生辰。辰上神生日。如丙子日占第一課申丙第三課卯子之類主賓主相得。兩方均順利。
日上神尅辰。辰上神尅日。如癸酉日占第一課巳癸第三課丑酉之類主賓主不投。兩方均不利。
日上神脫辰。辰上神脫日。我所生謂之脫如壬辰日占第一課酉壬第三課寅辰之類主彼脫而此耗。
日上神爲辰之旺神。辰上神爲日之旺神。如甲申日占第一課酉甲第三課卯申之類參觀第三卷亭通課互旺格主靜吉而動凶。

日加辰上被辰尅。如戊子日占第三課巳子之類 辰加日上又尅日。如丁亥日占第一課亥丁之類 二者均名亂首。主骨肉乖違。

辰加日上被日尅。如甲戌日占第一課戌甲之類 日加辰上又尅辰。如丙申日占第三課巳申之類 二者均名贅婿。主命運困頓。

日加辰上被辰生。如辛巳日占第三課戌巳之類 主受人包容。辰加日上又生日。如乙亥日占第一課亥乙之類 主得人周濟。

日加辰上又生辰。如甲午日占第三課寅午之類 主人衰宅旺。辰加日上又脫日。如甲午日占第一課午甲之類 主身弱財虧。

日上神見馬。馬即驛馬如甲子日占第一課寅甲之類 主官職榮遷。辰上神見馬。如甲子日占第三課寅子之類 主家宅移動。

日上辰見日祿。如乙日占第一課卯乙之類 主揚名於他日。辰上神見日祿。如丙子日占第三課巳子之類主受屈於他人。

日辰上神各見日德。如癸丑日占第一課癸第三課巳丑之類巳再乘吉將。如貴人青龍六合太常主有意外之喜。

日辰上神爲六合。六合即支合如丙寅日占第一課寅丙第三課亥寅之類主合作成就。但占疾病詞訟則反凶。

日辰均乘墓或坐墓。乘墓者日上神爲日之墓神辰上神爲辰之墓神也坐墓者日所臨之地盤爲日之墓神辰所臨之地盤爲辰之墓神也如丙寅日占第一課戌丙第三課未寅爲乘墓之例丙申日占天盤巳加地盤戌天盤申加地盤丑爲坐墓之例主閉塞難通。

日辰上神各見敗氣。敗氣即沐浴如甲申日占第一課子甲第三課午申之類人主氣血衰敗。宅主屋舍崩頹。

日辰上神各見絕神。絕即長生等十二神中之絕如甲申日占第一課申甲第三課寅申之類宜結束舊事。日辰上神見死神死炁。(死神死炁已見前篇魄化課中如正月壬子日占第一課巳壬第三課午子之類)宜休養待時。日辰上神各見空亡。(空亡即旬空如乙巳日占第一課寅乙第三課卯巳之類)主虛空不實。日課不足。主心意不安。辰課不足。主家宅不寧。日辰上見卯酉。主阻隔不通。日辰上見魁罡。(魁即戌罡即辰)主傷折難免。

第二節 論發用

發用即初傳。發爲發生之意。用爲用神之略稱。星家推命。注重用神。壬家占課。亦注重用神。易乾坤二卦。上九上六之外。又有用九用六。此用字之來源也。

日上兩課發用。主外事。辰上兩課發用。主內事。
日上兩課發用。貴人順布。發用在貴人前。吉凶應驗皆速辰上兩課發用。貴人逆布。發用在貴人後。吉凶應驗皆遲。
第四課發用。名驀逢。主有巧遇。
上尅下發用。主事自外來。利男不利女。利先不利後。利尊長不利卑幼。下賊上發用。主事從內起。利女不利男。利後不利先。利卑幼不利尊長。
下賊上發用。逢內戰。主事將成而中變。逢外戰。主身不自由。受人驅策。（內外戰見前篇第二十六節）
上尅下發用。逢內戰。名隔將。主有阻礙。目的難達。
發用爲日干長生。主謀爲順利。若坐墓。主舊事復發。

發用遇敗與死。敗即沐浴死即長生十二神中衰病死墓之死主毀壞無成。

發用遇絕。即長生十二神中死墓絕之絕主事即了結。占行人。主有信息至。

發用遇墓。主緩滯不進。占病。主纏綿牀褥。占失物。主並未遺失。

占行人即歸。占舊事不再發。

發用與日辰上神見刑冲破害。均主阻隔不通。

發用遇空亡。憂喜皆無實在。驚則虛驚。喜則虛喜。

發用尅日。主身心不安。尅辰。主家宅有擾。尅用時。主變生意外。

尅末傳。主有始無終。尅本命上神。主財運亨通。尅行年上神。主事情乖舛。

發用爲休。主疾病。爲囚。主刑罰。

發用所乘吉將。與發用爲同類。如貴人乘丑青龍乘寅之類貴人屬丑土青龍屬寅木也蓋是名入廟。主喜上添喜。
發用所乘凶將。與發用爲同類。（如中乘白虎乘螣蛇之類巳）是名歸家。主凶
中不凶。
發用爲太歲。中末傳見月建或日辰。有移遠就近之象。事宜急
速進行。
發用爲壬課主要關鍵。右列若干條。僅舉其大要。下篇當再分
類論及也。

第三節　論年命

命爲身之應。年爲用之助。臨生旺地者吉。臨死絕地者凶。與日
上神及發用生合比和者吉。與日上神及發用刑冲破害者凶。
發用雖吉。若爲年命上神所破壞。則反吉爲凶。發用雖凶。若爲

年命上神所尅制。則化凶爲吉。例如日財（即妻財）發用。利於求財。年命上神。若爲日之官鬼。則財能生官鬼。謂之脫氣。反主脫耗也。日鬼（即官鬼之鬼）發用。不利於占病。年命上神。若爲日之子孫。則子孫能制日鬼。自不能爲禍也。又年命上見日財。宜求財。見日官。宜求官。見月將。最吉。能消一切禍。降一切福。見天驛二馬。主遷官。尤利遠行。見天喜貴人。凡事吉慶。見月厭作死炁。主有寃仇。人鬼相逼。見血支血忌。主有車馬驚恐。見傳送乘凶將。主疾病服藥。見登明乘凶將。主水厄。見螣蛇。主凝滯。見白虎乘死炁尅日。而無救助。不出四十九日必死。見白虎乘生炁尅命。主有癆瘵之疾。餘可類推。不遑細舉。總之占個人休咎。須與年命合參。始不至舛誤也。

天喜月厭血支血忌等。詳附錄神煞表。

第四節　論十二神

十二支神。有陰陽之分。各司其事。子午爲陰陽之極。卯酉爲日月之門。寅申爲道路之神。辰戌爲牢獄之地。丑未爲天廚之所。巳亥爲堂廟之官。此十二神之總界說也。

以十二宮論之。凡五行五方之次序。四時二十四氣之循環。二垣二十八宿之躔度。七政四餘之星辰。九州萬國之分野。陰陽生尅之體用。靡不包羅於其內。經緯於其間。所涵蓋至廣也。以天上斗罡旋轉而言。則天罡爲首。順布。以太陽躔度過宮而言。則登明爲首。逆布。逆布者謂之月將。其實卽十二神也。壬課取用配合。皆用神而不用將。視其加於日辰年命。或生或尅或刑或合。而休咎判矣。

十二神除各有所屬外。又各有所類。所類云者。由十二神所含之性質。比坿而得之事物也。謂之類神。蓋與易之說卦相仿。關於類神之說。諸家頗有異同出入。棼如亂絲。至爲難治。且事物紛繁。亦不能一一徧舉。今僅就普通所應用而合於理者。著之於篇。凡在疑似之間者。概從删棄。非故爲簡陋也。蓋愼之也。觸類而引伸之。是在讀者矣。

（一）登明亥

登明亥。水神也。雨水後。日躔娵訾。正月將。

壬寄其上　木生其下　玄武之象　音角　數四　味鹹

色褐　星室壁　宮雙魚　分野衛開州　位西北

主禎祥徵召陰私汙穢等事。乘凶將。主爭訟拘繫沉溺。巳酉丑日占。主失物。

類神

爲雨師。爲孫。爲舟子。爲私識婦。加四仲爲幼子。一說乘六合加子爲醉人。一說加酉乘玄武爲盜賊。

爲髮。爲胷。爲膀胱。爲頭風。爲顛狂。爲瘧痢。加日干爲頭。加巳爲壞頭面。陽日加申陰日加未爲足。加年命爲泄瀉。加子爲痰火。乘玄武爲眼目流淚。乘天后爲溺斃。乘螣蛇爲哀哭。一說加辰乘貴人爲徵召。

爲庭院。爲園牆基。爲廐。爲倉庫。乘青龍爲樓。乘六合爲閣。加卯爲臺。加戌爲廁。乘勾陳爲獄。乘太常爲廩。

爲圖畫。爲幞。爲帳。爲傘。爲笠。爲圓環。加巳爲管籥。一說乘雀

爲野猪。爲熊。爲魚。爲鱉。爲稻。爲梅花。爲葫蘆。爲酢醬。乘太常爲穀。加子爲麥。乘朱雀爲鹽。一說加亥

（二）河魁戌

河魁戌。土神也。春分後。日躔降婁。二月將。

辛寄其上　火墓其下　天空之象　音商　數五　味甘

色黃　星奎婁　宮白羊　分野魯徐州　位西方偏北

主欺詐及奴婢逃亡等事。又主印綬。若發用。主舊事重新。又主破財聚衆。

【類神】爲陰。爲雲。爲奴。爲軍人。爲皂隸。爲獵人。爲僧道。爲小童。加子午爲舅翁。加申或申加戌爲兵卒。乘朱雀爲官吏。乘天后爲長者。乘白虎尅日爲盜賊。乘玄武爲乞丐。乘勾陳爲聚衆。

爲脾。爲命門。爲膝。爲足。爲胸脇。爲腹痛。爲脾洩。爲夢魂顚倒。加年命爲足疾。一說加午乘天空爲行步艱難。爲城郭。爲土岡。爲營寨。爲廊廡。爲虛堂。爲僕室。爲浴室。爲牢獄。加四季爲牆垣。乘蛇加巳午爲窯冶。乘白虎爲墳墓。乘玄武加寅爲坑廁。甲日加寅爲牆倒。爲山狗。爲狼。爲豺。爲五穀。爲麻。爲豆。爲蠶絲。爲禮服。爲印。爲鞋。爲軍器。爲鋤。爲鎖鑰。爲碓磨。爲瓦器。爲數珠。乘太常爲印綬。乘玄武爲枷。乘勾陳加申酉爲石。

（三）從魁酉

從魁酉。金神也。穀雨後。日躔大梁。三月將。

正祿無寄　太陰之象　音羽　數六　味辛　色白　星

胃昴畢　宮金牛　分野趙冀州　位正西

主陰私解散賞賜等事。又主金錢奴婢信息。

爲隕星。爲陰。加子爲霖雨。加戌爲霜。巳午加之爲雪。

類神

加巳爲海。加子爲江。乘玄武爲水邊。

爲婢。爲姊。爲少女。爲外妾。爲酒人。爲賭徒。爲金銀匠人。爲膠漆工人。加子丑爲老婢。乘天空爲小婢。乘青龍爲妾。乘太常加卯爲樂伎。乘六合加寅申爲尼。乘白虎臨四孟爲邊兵。

爲肺。爲肝膽。爲小腸。爲耳目口鼻。爲皮毛。爲精血。爲音聲。爲咳嗽勞傷。乘蛇雀爲目疾。丙丁日干加之爲赤眼。加行年刑本命爲刀傷。乘太陰爲脾肺傷損。

爲塔。爲山岡。爲街巷。爲倉廩。桐門戶。爲酒坊。爲石穴。爲碑碣。

爲碓磨。爲金銀首飾。爲珍珠。爲銅鏡。乘龍虎旺相爲金玉。囚死爲小刀。丙丁日乘太陰爲錢。甲乙日乘白虎爲孝服。爲小麥。爲酒漿。爲菜蔬。爲薑蒜。爲鳥。爲鴨。爲鵝。爲雉。乘朱雀爲鷄怪。乘螣蛇爲鳥怪。爲夫妻不和。爲屍變。乘天后爲私通。乘貴人爲賞賜。乘勾陳爲解散。乘朱雀爲喧聒。

(四) 傳送申

傳送申。金神也。小滿後。日躔實沈。四月將。

庚寄其上　水生其下　白虎之象　音徵　數七　味辛

色栗　星觜參　宮陰陽　分野晉益州　位西南

主道路疾病音耗等事。

類神

爲水母。爲行人。爲公人。爲兵卒。爲郵使。爲金石匠。爲商賈。爲屠戶。爲醫。一說乘六合爲巫。爲獵人。一說乘白虎乘太常爲僧。

爲肺。爲肝膽。爲大腸。爲筋。爲骨。爲心胸。爲脉絡。爲音聲。爲缺唇。爲墮胎。乘白虎爲瘡腫骨痛。

爲城。爲神祠。爲郵亭。爲馬舍。爲道路。爲陵寢。爲廊。乘天后爲湖。或爲池。

爲猿。爲猩猩。爲大麥。爲絹帛。爲綿絮。爲羽毛。爲藥物。爲金銀。

爲刀。爲劍。乘白虎爲兵器。乘天空爲碓磨。

爲疾病。爲饋送。爲陞遷。爲驛遞。爲死屍。爲靈柩。乘玄武加亥爲失脫。乘勾陳爲攻刼。乘滕蛇爲喪孝。加亥尅日爲水厄。癸丑日加日干爲淫亂。

（五）小吉未

小吉未。土神也。夏至後。日躔鶉首。五月將。

丁寄其上　木墓其下　太常之象　音徵　數八　味甘

色黃　●星井鬼　宮巨蟹　分野秦雍州　位西南偏南

主酒食婚姻祀祠等事。

類神

爲風伯。爲父母。爲妹。爲寡婦。爲道士。爲酒師。爲帽匠。爲熟識人。爲賓客。加亥爲繼父。加酉爲繼母。乘太陰爲姨。亦爲小姑。乘天后爲舅姑。加未爲醉人。如寅爲壻。加酉丑爲老人。爲脾。爲胃。爲肩背。爲脊梁。爲腹。爲口。爲唇。爲齒。爲傷食。爲翻胃嘔逆。爲癆瘵。乘太常爲氣噎。

爲土塚。爲牆垣。爲井。爲茶肆。爲酒肆。乘天空爲井泉。一說加亥加辰爲田園。加卯爲林木。乙日乘白虎爲墳墓。爲桑葉。爲木棉。爲小蔴。爲冠裳。爲印信。爲笙歌。爲醫藥。爲酒食。爲簾。加子爲醬。爲慶賀。爲筵會。壬癸日乘雀勾爲爭訟。乘青龍爲徵召。乘朱雀加亥子爲蝗蟲。辛巳日乘白虎爲大風。

（六）　勝光午

勝光午。火神也。大暑後。日躔鶉火。六月將。

正祿無寄　朱雀之象　音宮　數九　味苦　色赤　星柳星張　宮獅子　分野周兩河　位正南

主光怪絲綿等事。又主文書官事。

類神　爲雹母。爲霞。爲晴。爲婦女。爲蠶姑。爲旅客。爲軍官。爲騎兵。爲女巫。爲鐵匠。爲伴侶。乘天后爲宮女。乘青龍爲使君。乘貴人爲善人。乘勾陳爲亭長。乘太陰爲妾。爲心。爲口。爲舌。爲營衞。爲神氣。乘玄武爲目。加亥爲心痛。乘螣蛇爲驚恐。加子爲疝氣。加卯酉爲目疾。乘朱雀爲傷風下痢。

爲宮室。爲城門。爲堂。爲窰冶。爲山林。爲田宅。乘白虎爲道路。乘太常加申酉爲廚房。

爲火燭。爲旌旗。爲絲繡。爲書畫。爲蒸籠。爲衣架。爲爐。爲櫃。乘常合爲衣物。亦爲帳被。

爲獐。爲鹿。爲絲。爲綿。爲黍稷。爲紅豆。加卯爲小豆。亦爲禾黍。

爲文書。爲信息。爲光彩。爲火怪。爲詞訟。乘朱雀爲誠信。乘六合爲通語。加申爲咒詛。乘白虎爲道路。亦爲刀兵。

（七）　太乙巳

太乙巳。火神也。處暑後。日躔鶉尾。七月將。

戊寄其上　金生其下　螣蛇之象　音角　數四　味苦

色紫　星翼軫　宮雙女　分野楚荊州　位東南

主爭鬬口舌驚恐怪異等事。

類神　爲虹霓。冬至後爲雪。爲長女。爲朋友。爲主婦。爲畫師。爲術士。爲廚夫。爲窰工。爲騎卒。爲手藝人。乘太陰爲娼婦。辛日乘螣蛇爲弔客。加辰戌爲囚徒。

爲心。爲三焦。爲咽喉。爲頭面。爲齒。爲股。爲小腸。爲胃。爲雀斑。爲齒痛。爲吐血。乘太陰爲口瘡。乘螣蛇爲頭面疼痛。

爲窰。爲竈。爲爐。爲篚筐。爲磁器。爲磚瓦。爲弓弩。爲樂器。爲車騎。爲布帛。爲花果。加申爲釜。加酉爲罌。戊日乘勾陳爲管籥。加未爲竈畔有井。未加之爲井旁有竈。爲飛鳥。爲蜥蜴。爲蚯蚓。爲蟮。爲飛蟲。爲黍稷。爲紅豆。爲長綠樹。乘六合爲鳴蟬。遇月厭爲夢蛇。爲文學。爲取索。爲孕。乘螣蛇加辰爲雙胎。尅日辰爲罵詈。加酉或酉加之爲徒配。乘白虎尅日辰爲外服。

（八）天罡辰

天罡辰。土神也。秋分後。日躔壽星。八月將。

乙寄其上　水土墓其下　勾陳之象　音商　數五　味甘　色黃　星角亢　宮天秤　分野鄭襄州　位東南偏

東

主爭鬬詞訟死喪田宅等事。

類神

爲霧。加陽支爲晴。加陰支爲雨。

爲獄神。爲軍人。爲兇徒。爲皂隸。爲漁夫。乘玄武加子爲強盜。乘白虎爲屠人。加巳午爲老人。爲脾。爲肝。爲肩。爲項。爲皮膚。爲頂門。爲風癱。爲癰腫。爲偏盲。乘勾陳爲咽喉腫塞。爲岡嶺。爲荒塚。爲池沼。爲寺觀。爲廊廡。爲祠堂。爲溝澮。爲石欄。爲田園。爲牆垣。爲井泉。乘天后加亥爲海水。乘玄武加巳爲井。乘天空爲山坡。一說加丑

爲甲胄。爲缸甕。爲磚瓦。爲破衣。爲蠶箔。爲簿書。爲死屍。爲魚。

爲五穀。爲麻。乘螣蛇爲綱罟。加亥爲蛟龍。一說乘青龍爲頑惡。爲堅硬。乘天空爲欺詐。乘勾陳爲戰鬬。乘玄武爲妖邪。乘六合爲宰殺。一說加巳午尅日辰加日辰爲驚悖。乘天后爲娠妊。乘蛇虎尅日爲自縊。

（九）　太衝卯

太衝卯。木神也。霜降後。日躔大火。九月將。

正祿無寄　六合之象　音羽　數六　味酸　色青　星氐房心　宮天蝎　分野宋豫州　位正東

主驛郵舟車林木等事。

類神　爲雷震。巳日乘青龍爲雨。

爲長子。爲經紀人。爲盜賊。乘貴人爲術士。乘勾空爲沙門。加未爲兄弟。一說甲日乘太陰加巳午爲匠人。爲肝。爲大腸。爲手。爲背。爲筋。爲目眥。爲膏肓病。爲胸脇多風。乘六合爲骨肉痠痛。加卯或卯加之爲目疾。春日乘天后加子爲疫病。

爲池。爲澤。爲大林。爲竹叢。爲舟車。加辰爲橋樑。乘騰蛇爲水。乘白虎爲陸。

爲窗牖。爲前門。爲梯。爲衣架。爲園。爲水徑。爲門戶。爲棺。爲梳。爲牀。爲擔竿。爲香盒。爲筐籃。爲鼓笛。爲俎。爲箱。爲牌坊。爲輪。加申酉爲木器。加丑未爲竹器。乘天后加子爲水車。乘青龍爲竹棒。一說爲竹雞

爲狐。爲貉。爲羝羊。爲驢。爲晚禾。爲瓜果。乘騰蛇加巳午爲騾。

（十）　功曹寅

功曹寅。木將也。小雪後。日躔析木。十月將。

甲寄其上　火生其下　青龍之象　音徵　數七　味酸

色碧　星尾箕　宮人馬　分野燕幽州　位東北

主木器文書婚姻財帛官吏等事。

【類神】爲風伯。乘白虎加申爲大風。

爲督郵。爲賓客。爲家長。爲夫壻。乘龍合爲秀才。加申爲道士。（一說乘龍）乘朱雀加申戌爲胥吏。（一說乘勾陳加寅）乘天后加未爲醫。

爲肝。爲膽。爲手。爲筋。爲脉。爲髮。爲口。爲眼。爲三焦。爲目痛。爲肝胃痛。（一說乘龍）

爲道路。爲公衙。爲寺廟。爲叢林。爲曲堤。爲書室。爲前廊。爲賣酒家。加辰戌爲林巒。

爲花草。爲屏風。爲機杼。爲棺槨。爲禪椅。爲木器。爲文書。乘天空爲棒杖。加午或午加之爲棟柱。乘朱雀爲火炬。乘玄武爲雜色班文。

爲豹。爲貓。爲早禾。爲瓜果。乘蛇空爲貓貍怪。乘六合壬癸日爲叢木。丙丁日爲柴薪。

爲謁見。爲陞遷。乘朱雀爲誠信。乘貴人爲徵召。乘太常爲書籍。加卯爲文章。乘螣蛇加午爲五色。加巳亥爲迷路。加四仲爲宛轉。

（十一）大吉丑

大吉丑。土神也。冬至後。日躔星紀。十一月將。

癸寄其上　金墓其下　貴人之象　音徵　數八　味甘

色黃　星斗牛　宮磨蝎　分野吳揚州　位北方偏東

主田宅園圃爭鬬等事。又主財帛燕喜。

類神　爲雨師。乘白虎爲風伯。加卯爲先雨後雷。卯加之爲先雷後雨。

爲神佛。爲僧。爲尼。爲賢者。爲旅客。爲軍官。爲巫。爲農夫。加太歲爲宰執。乘勾陳爲將軍。亦爲兵卒。乘貴人爲長者。乘天空爲侏儒。

爲脾。爲胃。爲小腸。爲腹。爲足。爲肩背。爲耳。爲禿髮。爲病目。爲腹病爲脾病。爲氣喘。乘貴人爲腰腿痿痺。加亥或亥加之爲腸泄。

爲墓。爲田。爲社壇。爲倉庫。爲井牆。爲桑園。爲廚房。辛酉日乘青龍爲橋梁。一說加亥加申爲僧舍。一說爲傳舍加巳或巳加之爲土坑。乘六合爲道院。乘貴人加寅爲宮殿。乘太常爲田宅。己日加戌爲土地。

爲秤。爲斗斛。爲鞋。爲食物。乘貴人旺相爲珍珠。加未爲不完物。乘天空爲罐。加卯酉爲缸。乘太常爲甜物。卯日爲車轎。

爲龜。爲蜈蚣。爲大蔴。爲黃豆。爲野菜。加子爲鱉。一說乘蛇空爲咒詛。乘朱雀加寅爲文書。丙日乘朱雀爲舉薦。乘月厭爲寃仇。

（十二）神后子

神后子。水神也。大寒後。日躔玄枵。十二月將。

正祿無寄　天后之象　音宮　數九　味鹹　色黑　星女虛危　宮寶瓶　分野齊青州　位正北

主陰私暗昧婦女等事。

類神 爲雲。爲雨水。爲天河。子日乘龍玄爲大雨。加酉爲天陰。冬至後加巳午爲雪。

爲妻。爲媳。爲女。爲漁夫。爲淫女。爲乳媼。爲舟子。爲屠夫。乘天后爲幼女。加亥爲小孩。加未丑爲老婦。加日辰爲舅姑。乘太陰爲婢妾。亦爲妯娌。加酉爲孀婦。一說酉加之乘白虎加辰爲軍婦。乘勾陳爲橐駝。乘玄武爲盜賊。乘太常爲娼婦。

爲腎。爲膀胱。爲月經。爲耳。爲腰。爲傷風。爲胃竭。爲痢。乘天后爲血崩。爲白虎尅日爲血病。

爲江湖。爲溝渠。爲水泊。爲臥室。爲冰物。爲石灰。爲籠。爲匣。乘玄武加亥爲糖。加辰戌爲瓮。乘天后加寅卯爲布帛。（一說乘六合加日辰）加日辰爲瓶蓋。乘螣蛇爲浴盆。爲蝙蝠。爲燕窩。爲魚鮮。爲黑豆。爲菱芡。爲胎產。爲淫亂。乘六合爲奸邪。乘青龍爲亡遺。乘天空爲哀聲。（一說加巳）

第五節 論十二將

十二天將。布於天盤。又名十二天官。在天應十二神。在地表十二分野。在歲配十二月。在人主十二經。天乙貴人爲主。居中。前有五位。一螣蛇。二朱雀。三六合。四勾陳。五青龍。此水火土之神居左方者。後亦有五位。一天后。二太陰。三玄武。四太常。五白虎。

此金水土之神居右方者。對冲者爲天空。雖云居於後六位。實則有名而無物。蓋貴人相對之位。無神敢處也。諸天將雖各有其所屬之五行。然實爲天盤之附屬品。故五行之生尅。以所乘之神爲斷。例如貴人本屬土。若乘亥子。則變爲水矣。生尅皆以水論。大抵生日爲吉。雖凶將亦吉。尅日爲凶。雖吉將亦凶。緊要不離生尅二字。吉將喜生扶。忌尅制。凶將反此。更須詳參所臨地盤之神。爲生抑爲尅。爲旺相抑爲休囚。喜則宜生宜旺相。忌則宜尅宜休囚也。

四課三傳。雖有一定。而天將之配置。則如四時運轉而無窮。人皆言靑龍爲吉。白虎爲凶。太常主飲食。勾陳主稽留。然龍無鱗。則傷身之害至。折角。則鬬訟之愆生。虎登山。則秉權於閫外。銜牒。則通信於道途。太常荷項則受罰。勾陳捧印則轉職。（無鱗折角等說見後）諸如此類。結果適得其反。若不細參。蓋未有不謬誤者矣。

（一）貴人

天乙貴人屬己丑土。吉將也。爲十二天將之主。順治者吉。逆治者凶。（順治逆治即順布逆布）與所乘之神相生或比和者吉。相尅者凶。貴人順治。更與日干相生。雖課傳中見螣蛇勾陳凶將。不爲深害。貴人逆治。更尅日干。雖課傳中見六合青龍。不爲深喜。貴人得地則貴。失地則賤。故臨君子之命則降福。臨小人之命反生殃。

貴人逢空落空。（逢空者所乘之神爲空亡也落空者所臨之地盤爲空亡也）主當憂不憂。當喜不喜。

太歲作貴人。不必入傳。亦主救助。凡事可得貴人助力。惟不救病。（一說亦主病輕）

貴人發用。若課體爲富貴龍德。皆主陞遷。求謀無不遂意。

貴人在日辰前則動。在日辰後則寧。

貴人有日夜之分。晝占則日貴顯而夜貴隱。夜占則夜貴顯而日貴隱。此隱藏之貴人。謂之簾幙貴人。以其隱在簾幙中也。考試占得簾幙貴人與日干相生。必得高第。又謀事遇兩貴人同入傳。或一居日上。一居辰上。必分外得力。

日夜二貴人分臨卯酉謂之關。分臨子午謂之隔。惟甲戌日有之。均主閉塞不通。

貴人所乘之神。與所臨地盤之生尅之關係。須兼考其遁干。而視其納音五行（見第一卷）之生尅如何。始無謬誤。例如甲子旬中甲戊日夜占。貴人乘未臨酉。不相尅而相生。再考未之遁干爲辛。辛未之納音爲土。酉之遁干爲癸。癸酉之納音爲金。亦金土相生。可以吉象斷之。又如甲戌旬中乙己日晝占。貴人乘子臨寅。雖亦不相尅。而相生。然一考其遁干。則子之遁干爲丙。丙子之納音爲水。寅之遁干爲戊。戊寅之納音爲土。水被土尅。卽不能以全吉斷。須傳中見午。方爲救神。蓋午之遁干爲壬。壬午之納音爲木。木能尅制土也。其他天將。均依此例。

貴人臨子名解紛。主一切紛擾。皆可解散。（一說主婦女病）臨丑名升堂。投書進策。主有貴神接引。（一說不治事）臨寅名凭几。宜私門請謁。臨卯名登車。臨酉名入室。均主煩躁不甯。關隔不通。家宅有遷移之象。人口有疾病之虞。臨巳午名受賞。主有薦拔遷擢之喜。臨辰戌名入獄。主有煩惱。凡占請謁。遇入獄。必阻滯。卽相見。亦欠利。臨申名移途。宜途中干謁。臨未名列席。主有晏會之事。臨亥名還宮。又名登天門。諸煞被制。利於進取。

貴人入獄。有所謂出獄之法者。其說有二。一說。貴人臨辰戌。則巳上起子。辰上起丑。逆布。又一說。貴人臨辰。則辰上起申。臨戌。則戌上起寅。均順布。二說皆指地盤而言。姑勿論其孰是孰非。地盤係固定不動。今忽變更其位置。於義實有未洽。蓋壬家惑於貴人不臨辰戌之說。遂妄爲牽強附會。殊不知不臨辰戌之臨。當作乘字解。係指天盤而言。並非指地盤而言。出獄之說。實無存在之餘地也。

貴人臨丑。則十二將各歸本家。不治事。效用全失。於是又有移神換將之說。其法係子午互易。卯酉互易。辰申互易。寅戌互易。亥未互易。丑巳互易。將地盤錯綜變換。說更支離。不足取也。

類神 爲貴官。爲尊長。爲俸祿。爲文章。爲首飾。爲珍寶。爲穀。爲麻。爲牛。爲鼈。於變異爲水土之精。鱗角之物。於病爲寒熱頭暈。於色爲黃。於數爲八。

(二) 螣蛇

螣蛇屬丁巳火。凶將也。主火光驚疑憂恐怪異等事。與所乘神旺相相生或比和則吉。反是則凶。空亡減半。披刑帶煞。（披刑者刑日干也帶煞者帶刼煞災煞大煞等各種凶煞也參觀附錄神煞表）災病立至。

螣蛇乘旺相神更相生者。主胎產與婚姻之喜。以其爲陰私血光之神故也。若附血支血忌帶刑煞。占胎必墮。當產卽生。

占怪異。遇螣蛇乘旺相神。必爲生物。乘死囚神必爲死物。或有聲無形。

占夢與怪異。先視螣蛇。及其陰神。日辰三傳次之。（陰神見本卷第七節）

螣蛇乘火神臨火鄉。（火神火鄉均指巳午）或用時下見火。主有火災。亦主口舌官事。

螣蛇所乘神爲日財。且神將旺相相生。占求財大吉。反是主驚恐。

螣蛇臨日辰。占進貨。必得下賤之物。

螣蛇臨子名掩目。不能傷人。臨丑名盤龜。主禍消福至。臨寅名生角。旺則得時而成蛟龍。利於進取。衰則失時而爲蜥蜴。宜於退藏。臨酉名露齒。主陰人災疾。口舌怪異。臨午名乘霧。主怪夢。占訟大忌。臨巳名飛空。主小兒夜啼。尅支主產難。臨未名入林。主停柩未葬。或家鬼作祟。臨亥名墮水。主逢凶化吉。臨申名銜劍。臨卯名當門。均主災難不測。臨辰名象龍。臨戌名入塚。均主災難全消。

螣蛇交戰。毒氣迷漫。螣蛇酣睡。鬼怪傷夷。交戰者。正月乘卯。二月乘酉。三月乘子。四月乘午。周而復始。逢之則凶。酣睡者。春乘亥。夏乘寅。秋乘巳。冬乘申。遇之皆吉。

類神　爲文字。爲火光。爲血光。爲癇婦。爲熒惑小人。爲蛇。爲蛟。爲豆。爲黍。於變異爲金火之精。於祟爲火土之神。或未葬客鬼。於病爲手足頭目癰腫見血。於色爲紫。於數爲四。

（三）朱雀

朱雀屬丙午火。凶將也。得地則吉。主文章印信等事。失地則凶。主火災詞訟財物損失牲畜災傷等事。若所乘神旺相。且披刑帶煞。爲害必深。反此則淺。

占公事。遇朱雀逆治。且刑尅日干。必被長官嗔責。反此無害。

占考試。須先視朱雀。如所乘神爲歲月建。或爲月將。或與歲月日相合。且遇祿馬及日德。臨生旺之鄉。必掇高第。若被刑尅或。落空亡。或臨死絕之鄉。試文必不合格。但課體三傳均吉者。不在此例。

朱雀乘火神臨火鄉。用時又值火。必主火災。若係伏吟課體。神煞伏而不動。或可避免。

朱雀臨子名損羽。占考試主落第。占詞訟則無妨。臨丑名掩目。動靜俱吉。無口舌之擾。但不利考試。臨寅卯名安巢。主文書遲滯。占口舌則可平息。臨辰戌名投網。主文書遺亡。臨申名勵嘴。臨午名銜符。主怪異。又主經官涉訟。占考試則吉。臨未名臨墳。臨亥名入水。不宜投書獻策。又主失財。臨酉名夜噪。主有官災。又主疾病。臨巳名晝翔。占口舌詞訟則凶。占文書音信則吉。

正月乘酉。二月乘巳。三月乘丑。四月乘子。五月乘申。六月乘辰。七月乘卯。八月乘亥。九月乘未。十月乘午。十一月乘寅。十二月乘戌。名朱雀銜物。主婚姻財物。

正月乘巳。二月乘辰。三月乘午。四月乘未。五月乘卯。六月乘寅。七月乘申。八月乘酉。九月乘丑。十月乘子。十一月乘戌。十二月乘亥。名朱雀開口。主爭鬭口舌。

類神 爲瘋婦。爲熒惑小人。爲羽毛。爲文章。爲獐。爲馬。爲果。爲穀。於祟爲竈神。爲咒詛。於病爲胸腹陰腫。爲嘔血。於變異爲火氣燒灼。於色爲赤。於數爲九。

(四) 六合

六合屬乙卯木。吉將也。得地則爲和合之神。主婚姻信息交易等事。失地則爲虛詐之神。主陰私暗昧等事。

六合順治。乘旺相神相生而發用。或入傳。定主婚姻或胎產喜。若所乘神死囚。且刑尅日干。則主財物口舌。或陰人纏擾。

六合乘酉戌。主奴僕走失。若占盜賊。則逃亡難獲。

六合與天后同入傳。謂之姣童泆女卦。主奸邪不正。一切事須謹防。

六合乘申酉爲內戰。主陰私婦人事。亦主兄弟口舌。乘辰戌丑未爲外戰。主事從外發。宜暗求私禱。

六合乘子午卯酉謂之不合。陰陽相雜。爲陰私不明。遇之者凶。

六合乘亥名待命。主諸事皆吉。臨巳名不諧。主諸事皆凶。臨子名反目。主夫妻反目。臨酉名私竄。主男女淫奔。臨寅名乘軒。臨申名結髮。主婚姻美滿。臨辰名違禮。臨戌名亡羞。主冒瀆得罪。臨午名升堂。臨卯名入室。主事已成就。臨未名納采。臨丑名嚴妝。主事將成就。

類神　爲子孫。爲朋友。爲媒妁。爲牙儈。爲巧工。爲術士。爲竹。爲木。爲鹽。爲粟。爲兔。於變異爲食鹽。爲羽毛。於祟爲木神。爲籠神於病爲陰陽不調。心腹虛損。於色爲青。於數爲六。

（五）勾陳

勾陳屬戊辰土。凶將也。好爭訟。蓄二心。主戰鬬詞訟等事。勾留遲滯。枝節橫生。若伏喪帶弔。（喪即喪門 弔即弔客）則爲不孝之神。在官者以勾陳爲印綬。旺則吉。衰則凶。

占訟事。以勾陳爲主。勾陳尅日。冤不得伸。日尅勾陳。訟終得直。勾陳之陰神（參觀本篇第七節）乘蛇雀。且帶煞尅日者。尤凶。若勾陳尅日。而勾陳之陰神。乘貴人生日。可化凶爲吉。但須本人行年。不落空亡。

占捕盜。遇勾陳尅日。主獲。勾陳所乘之神。尅玄武所乘之神。亦主獲。勾陳所臨之地。尅玄武所臨之地。主盜自敗。或自首。如玄武臨申酉。勾陳臨巳午。卽其例也。

占晴雨。如遇勾陳入傳。或臨日辰。且其所乘之神。適尅玄武所乘之神。定主天晴。

占軍事。如上例。勾陳如能制玄武。定主戰勝。

占宅墓。則勾陳乘旺相氣。臨墓宅者。（墓卽干墓宅卽日辰之辰）主安。若乘休囚氣。且與宅墓刑尅者。主不安。

勾陳乘辰戌丑未。謂之交會。主禍患連綿。乘辰戌尤凶。正月乘巳。逆行十二支。謂之仗劍。主疾病傷殘。

勾陳披刑帶煞。災禍卽臨。

勾陳臨子名沉戟。臨丑名受鉞。均主暗遭凌辱陷害。臨寅名遭囚。宜上書獻策。臨巳名捧印。居官者主遷擢。常人遇之反凶。臨卯名臨門。一名入獄主家室不和。臨酉名披刃。主有刑責。臨辰名升堂。主獄吏勾通。臨午名反目。主被他人牽累。臨未名入驛。臨戌名下獄。均主詞訟稽留。臨申名趨戶。臨亥名褰裳。均主勾連反覆。

類神 爲將軍。爲軍卒。爲醜婦。爲獄吏。爲貧薄小人。爲田。爲龍。爲水蟲。於變異爲瓦石之屬。於祟爲寃死鬼。爲門戶土垣之鬼。於病爲脾虛。於色爲黃。於數爲五。

（六） 青龍

青龍屬甲寅木。吉將也。得地則富貴尊崇。失地則財物外耗。主財帛米穀喜慶等事。

占公事。以青龍爲喜神。若所乘之神。披刑帶煞。入傳。且尅日干。

反主凶。
占婚姻以青龍爲夫。天后爲婦。新婦入門。占得天后尅青龍所乘之神。定主尅夫。
占求財。以青龍爲主。乘旺相氣。臨旺相鄉。與日辰相生。或與日辰作三合六合者吉。但須入傳。或臨日辰上。否則龍居閒地。仍不得力。占婚姻胎產。可依此例。又所乘神生本命。主進財。尅本命。主退財。
占捕盜。最忌青龍入傳。因龍有見首不見尾之象也。占行人遇青龍入傳。亦主轉往他方。
占病。見青龍入傳。其病必因酒食而得。或因房事而得。
占官職。文視青龍。武視太常。與日干生合者吉。反此者凶。龍常乘太歲入傳。必主遷轉。
凡青龍與煞會沖日辰者。主喜慶中有鬬殺。
孟月乘寅。仲月乘酉。季月乘戌。謂之青龍開眼。主消災降福。春乘丑。夏乘寅。秋乘辰。冬乘巳。謂之青龍安臥。主災禍隨臨。
青龍臨酉名伏陸。宜退守不宜進取。臨丑名蟠泥。主所謀未遂。臨戌名登魁。主小人爭財。臨巳名飛天。主有重重喜慶。臨寅名乘龍。臨卯名驅雷。均利於經營。臨未名無鱗。主有傷身之害。臨中名折角。主有鬬訟之愆。臨午名燒身。臨辰名掩目。主有不測之憂。臨子名入海。臨亥名游江。主有非常之慶。

【類神】為貴宦。為富人。為田主。為夫。為龍。為虎。為豹。為貍貓。為雨。於祟為草木之精。於變異為文章。為羽毛。為棺槨。為枷棒。

於病爲肝氣。爲目疾。於色爲碧。於數爲七。

（七）　天空

天空屬戊戌土。凶將也。得天地之雜氣。作人間之詐神。動無利濟之心。靜有妖毒之氣。位居天乙對方。有名而無實。蓋與空亡相類。主虛僞詐巧等事。

占詞訟。發用或末傳乘天空。定主訟解。占求財則又大忌。

占婚姻。遇天空發用。或臨日辰。其家必有孤寡之人。否則主祖業凋零。

占奴婢。以天空爲主。若所乘之神。與日相生相合。則吉。否則主逃亡。所乘之神爲魁罡。奴婢必非良善。

占考試。遇天空發用。亦吉。因天空爲奏書之神故。

託人謀事。遇天空發用或入傳。須防虛詐。天空乘辰戌丑未。謂之天空閉。可成小事。不可成大事。若貴人順治。與所乘神旺相相生。主奴婢同心。所乘神爲日財。更遇天喜。占求財。主賴小人或僧道之助。又主所獲之財。由虛詐而來。

天空乘遁干壬癸。如甲子旬中乘申酉。甲戌旬中乘午未之類。謂之天空下淚。主有死亡。

天空臨子名伏室。（又名溺水）主百事有憂。臨戌名居家。主百事俱虛。臨丑名侍側。仕宦主遷擢。平民防播弄。臨未名趨進。主欺詐得財。（一說主宿疾）臨巳名受辱。主腹痛下痢。占謀爲則吉。臨寅名被制。主公私口舌。臨午名識字。臨申名鼓舌。均主情僞難測。臨辰名肆惡臨卯名乘侮。均主暴客欺淩。臨酉名巧說。臨亥名誣詞。均主奸人詭計。

類神　爲奴婢。爲醜婦。爲騙子。爲五穀。爲狠。爲犬。爲金鐵空虛之物。爲晴。於祟爲井。爲竈。爲絕嗣鬼。於變異爲虛臭。於病爲氣虛。爲下痢。於色爲黃。於數爲五。

（八）白虎

白虎屬庚申金。凶將也。得地則威猛。失地則狠狽。主刀劍血光疾病死亡等事。披刑帶煞。災禍立至。

白虎爲威權之將。施大功。作大事。最喜白虎。如發用或入傳。其功立成。其事立就。

占官爵。亦喜白虎。帶刑煞尤佳。所謂不刑則不發也。

占疾病。最忌白虎。如所乘之神尅日。或帶煞尅日。或斗魁乘白虎。尅日尅行年。或白虎之陰神。尅日辰年命。皆凶。白虎臨空亡。或附日德。可化凶爲吉。但凶煞重。亦不能救。

占公事。最忌白虎及螣蛇尅日。因二者皆爲血光之神故。

占墓宅。視白虎臨何方。可斷其方有岩石或神廟。

占行人。以白虎定之。乘初傳主立至。乘中傳主在途。乘末傳主失約不來。

白虎帶喪門弔客臨支。主家中有喪服。或外服入宅。

占天時。白虎發用。主大風。

正月乘申。二月乘寅。三月乘巳。四月乘亥。周而復始。謂之白虎仰視。主殃咎大作。乘巳午名白虎遭擒。主災禍潛消。

白虎臨亥子名溺水。主音書阻隔。臨巳午名焚身。主殃禍消滅。

臨卯酉名臨門。主折傷人口。臨丑未名在野。主損壞牛羊。臨寅名登山。仕宦占得大吉。平民占得大凶。臨戌名落穽。主反禍爲福。臨申名銜牒。主有佳音。臨辰名啞人。主官災刑戮。至凶之象也。

【類神】爲病人。爲道路。爲麥。爲猿猴。爲虎。爲金銅鐵器。於祟爲客鬼。爲陣亡鬼。於變異爲刃劍。於病爲嘔血。爲怔忡。於色爲栗。於數爲七。

（九）太常

太常屬己未土。吉將也。爲四時之喜神。主晏會酒食衣冠文物等事。

占官。最喜太常。如初末傳見太常。且遇天驛二馬。所求必遂。傳中見河魁太常主有兩重印綬。蓋河魁爲印。太常爲綬也。太常發用。又臨日辰。爲印綬星動之象。定主喜慶。若所乘之神旺相。而與之相生。仕宦主遷官轉職。平民主媒妁婚姻。所乘之神休囚。而與之相刑相尅。則主財帛不安。貨物不足。

春乘辰。夏乘酉。秋乘卯。冬乘巳。謂之夫常被剝。主百事銷鑠。

太常臨子名荷項。主因酒食而受罸。臨寅名側目。主有讒佞離間。臨卯名遺冠。主財物損失。臨戌名逆命。主尊卑不和。臨申名銜杯。臨丑名受爵。均主進職遷官。臨巳名鑄印。臨未名捧觴。均主徵召喜慶。臨午名乘軒。占文書遠信均吉。臨辰名佩印。利仕宦不利平民。臨亥名徵召。主上喜下憎。臨酉名立劵。主事後有爭奪。

類神 爲武官。爲酒食。爲衣冠。爲麻。爲雁。爲羊。於祟爲竈神。爲土神。爲新死鬼。於變異爲食物。爲毛髮。於病爲四肢頭腹不甯。於色爲黃。於數爲八。

（十）玄武

玄武屬癸亥水。凶將也。氣當六甲之窮。位在四時之盡。爲北方至陰之邪氣。主盜賊陰私走失遺亡等事。占盜賊以玄武爲主。玄武之陰神。謂之盜神。若陰神上下比和。卽可斷爲盜賊所匿之處。若上下相尅。則再須視盜神之陰神。盜神所生之神。爲贓物藏匿之地。玄武之陰陽神。（陽神卽玄武所乘之神）與盜神之陰神。遞相生。或盜神乘吉將。主難捕獲。若三神相尅。或乘凶將。則主敗露。

玄武臨日辰。須防盜賊失脫。又主小人暗算。

玄武附日德臨日辰。占走失人物。主尋獲。或自歸。

昴星課。玄武臨寅卯。必主失脫。公家須防獄囚走失。

玄武乘辰戌丑未。謂之橫截。主有盜賊侵淩。

玄武臨子名散髮。一名過海主走失財物。臨丑名升堂。一名立雲主詐騙財物。臨寅名入林。主安居樂業。臨辰名失路。主入獄遭刑。臨卯名窺戶。主諸事不利。臨巳名反顧。主百事皆空。臨亥名伏藏。主事有轉機。臨未名入城。主變生不測。臨午名截路。臨酉名拔劍。均主賊懷惡意。不宜反攻。臨申名折足。臨戌名遭囚。均主賊失勢頭。定可擒獲。

類神 爲盜賊。爲奸邪小人。爲豆。爲貐。爲猪。於祟爲河伯水神。

爲廁鬼。於變異爲空虛之物。於病爲腎虧。爲血崩。於色爲禍。於數爲四。

（十一）太陰

太陰屬辛酉金。吉將也。得地則正直無私。失地則淫亂無恥。主陰和蔽匿奸邪暗昧等事。

占盜賊。遇太陰入傳。或臨日辰。定主難獲。以太陰爲天地之私門故。

占墓宅。遇太陰入傳。則其所臨之方。定有佛寺。或奇美景物。

占婚姻。遇太陰臨。日辰乘酉亥未發用。其女必不正。太陰臨日本（日本者日之長生也）尅日。主淫亂。丙午日遇之。主有財。

占刑事。遇太陰入傳。與日相生。宜自首。

太陰乘申酉。謂之拔劍。主暗中陷害。

太陰臨子名垂簾。主妾婦相侮。臨丑名守局。主尊卑相蒙。臨戌名被察。主陰人暗損。臨辰名遭迍。主勾連爭訟。臨寅名跣足。臨午名脫巾。主財物文書暗動。臨亥名裸形。臨巳名伏枕。主盜賊口舌驚憂。臨酉名閉戶。臨未名觀書。主家宅安甯。臨卯名微行。臨申名執政。主起居住適。

類神 爲兄弟。爲姊妹。爲小麥。爲雞。爲雉。於祟爲斷頭鬼。爲陣亡鬼。於變異爲釜。爲銅鐵器。於病爲肺癰。爲癆瘵。於色爲白。於數爲六。

（十二）天后

天后屬壬子水。吉將也。得地則高貴尊榮。失地則奸邪淫亂。主陰私暗昧蔽匿等事。

天后乘太歲臨日干。主大赦。課體爲三光三陽者尤准。

天后所乘之神。如遇下賊。主有小人淩辱之事。

占婚姻。以天后爲主。天后與日干相生。或與日干作三合六合者成。反此不成。天后尅日干。主女有意而男不願。日干尅天后。主男有意而女不願。若課體吉。主先阻後成。

天后遇驛馬。本命上見解神。（見附錄神煞表）主離婚。

天后之陰神乘玄武。主曖昧不明。天后之陰神乘白虎。主妻妾危殆。

天后乘天罡臨行年。主墮胎。

天后陰日乘申。陽日乘酉。主淫亂。

天后臨子名守閨。臨亥名治事。主動止咸宜。臨卯名臨門。臨酉名倚戶。主奸淫無度。臨戌名褰幃。臨午名伏枕。主嘆息呻吟。臨巳名裸體。臨辰名毀妝。主悲哭羞辱。臨寅名理髮。臨申名修容。主優游閒暇。臨丑名偸窺。臨未名沐浴。主悚懼驚惶。

【類神】爲貴婦。爲妻。爲稻。爲豆。爲鼠。爲蝙蝠。於祟爲水神。爲溺鬼。於變異爲酒。爲鹽。於病爲痢。爲腰痛。於色爲黑。於數爲九。

第六節　論重要神煞

壬式除十二神十二將外。須兼參各種神煞。神煞有二類。一爲普偏的。一爲局部的。曰德。曰合。曰祿。曰鬼。曰墓。曰刑。曰冲。曰破。曰害。曰空。曰馬。曰丁。此普偏之神煞也。占行人須視游神會神。占賊兵須視游都魯都。占胎產須視血支血忌。占醫藥須視天醫地醫。此局部之神煞也。局部之神煞。範圍甚狹。名目極多。另列爲表。加以案語。坿於本書之末。不再細論。普偏之神煞。應用頗廣。第一卷中。已特別提出。詳其起法。今再分別論其大要。以便學者之觸類旁通也。

（一）德

德有天德月德日德支德四種。而以日德爲最吉。臨日入傳。能轉禍爲福。宜旺相不宜休囚。忌逢空落空。及神將外戰。

第一課上尅下發用爲德。仍作德斷。不可作鬼斷。蓋德能化鬼爲吉也。

下賊上發用爲德。得貴人生扶。如乙未日酉時亥將占第二課申加午發用申爲日德受制於午上乘貴人丑土能生申金仍作全吉斷。若無生扶。又見尅洩。洩即脫也見第一節主喜中有憂。

德臨日干。又作貴人。主有意外之喜。惟不宜占病訟。

德臨死絕之地。又值凶神。減力十之七。

日德發用。上下神同尅日干。如乙酉日卯時寅將申加酉發用申爲日德上下神申酉同尅日干申爲酉挾化德爲鬼名鬼德格。主邪正同途。

日德發用。作日官。即官鬼之官又乘朱雀。如己巳日申時亥將晝占寅加巳發用寅爲日德乘朱雀名文德格。主應舉得官。在官得薦。

（二）合

合有三合即行合干合六合即支合三種。三合者。五行合也。干合者。與日干相合也。六合者。與日支相合也。壬式除日干外。皆用地支。故以三合六合爲主。干合則爲遁干與日干之合。不甚重要也。

三合入傳。主事關牽連。必過月方能了結。又爲親識朋友衆多之象。

三合入傳缺一神。爲折腰格。亦名虛一待用格。占事必待缺神値日。方能成就。若所缺之神。有日辰湊足之。爲湊合格。主有意外和合之事。以所湊合之將決之。

日辰上下作三合。而日上神尅辰。辰上神尅日。如甲子日第一課戌甲第三課申子日上下戌寅辰上下申子均爲三合日上戌尅辰辰上申尅日主外合中離。各懷猜忌。或爲挑撥。以致不和。

六合與德同入傳。百事皆吉。卽會凶神。亦主凶中和合。

六合入傳。視其進退。傳進利進。傳退利退。

六合入傳。謀事皆成。但不能卽時了結。不宜占病占訟。
六合有刑害。雖乘吉將。其力亦減。但可宛轉小用。
六合逢空落空。又見刑害。主和中藏禍。有德可解。
六合尅日。或乘蛇雀虎等凶將。主合中有害。不可托人謀幹。
天后與神后作合。占婚姻立成。
寅合亥爲破合。巳合申爲刑合。均主合而不合。成而不成。謀爲費力。然終有濟。
日辰相合。日辰上神亦相合。如乙酉日第一課戌乙第三課卯酉之類名同心格。主一切謀望。皆能同心合力。若見刑害。又主同心之中。暗生妬忌。
日辰相害。日辰上神相合又相破。如壬申日第一課寅壬第三課亥申之類主外面假意相助。中心百般暗毒。若合而不破。僅主貌合神離。無大危險。如值空亡。則其凶與破等。

凡日干與支上神相合。支辰與干上神相合。名交叉格。舊籍作交車似有謬誤主交易交換之事。大抵利合謀。不利解散。此例除甲寅丁未己未庚申癸丑五日。干支同位。不能交叉相合外。餘則一日一課。有十種分別。占事各隨所宜。列舉於左。

(一)長生合　干上神與支合。又爲支之長生。支上神與干合。又爲干之長生。如甲申日第一課巳甲第三課亥申之類是名長生合。宜合本營謀。

(二)財合　干上神與支合。又爲支之財。我尅者爲財支上神與干合。又爲干之財。如辛丑日第一課子辛第三課卯丑之類是名財合。宜交涉取財。

（三）脫合　干上神與支合。而脫支。我生者為脫支上神與干合。而脫干。是名脫合。不宜交涉。主彼此各懷相脫之意。如戊辰日第一課酉戌第三課申辰之類

（四）害合　干上神與支合。而害干。支上神與干合。而害支。如丁丑日第一課子丁第三課午丑之類是名害合。主彼此合謀。暗中相害。

（五）空合　干上神為旬空。與支合。支上神為旬空。與干合。如辛亥日第一課寅辛第三課卯亥之類是名空合。主先好後惡。有始無終。

（六）刑合　干上神刑干。與支合。支上神刑支。與干合。如癸卯日第一課戌癸第三課子卯之類是名刑合。主和美中生出爭競。

（七）冲合　干上神與支合。支上神與干合。而干支及干支上神各相冲。如甲申日第一課巳甲第三課亥申之類是名冲合。主先合後

離。

（八）尅合　干上神尅支。與支合。支上神尅干。與干合。如庚子日第一課丑庚第三課巳子之類是名尅合。主交涉中生出爭訟。或匿怨相友。笑裏藏刀。

（九）三交合　干上神與支合。支上神與干合。而干支之上下神爲同類。即同爲孟神。或同爲仲神季神。如己酉日第一課辰己第三課午酉之類是名三交合。主和合中有奸私。或生出二三種交涉。

（十）交會合　干上神與支合。支上神與干合。而三傳又爲三合。如乙丑日第一課子乙第三課酉丑三傳巳酉丑之類是名交會合。主合作成就。且有外人相助。惟忌空亡。

（三）祿

祿卽日祿也。見第一卷臨日入傳。均吉。宜旺相。不宜休囚。

祿主食祿事。祿所臨之處。卽爲食祿之方。

祿臨支。馬臨干。爲眞富貴課。仕宦占得。主加官添俸。平民占得。反凶。主身移宅動。占病訟亦凶。

祿臨干而兼爲日之旺神。與日干不生不尅者爲日之旺神與第三卷亨通課中之旺神不同例如乙酉日占第一課卯乙卯爲乙祿且與乙爲同類宜守成。不宜別謀進取。

祿臨支。占求官爲暫攝之象。不能久於其位。

祿若逢空或落空。不論入傳不入傳。占病必死。

（四）鬼

鬼卽官鬼之鬼。見第一卷傳中多鬼。事事不美。晝鬼主公訟是非。夜鬼主神祇妖祟。

鬼入傳。若日干旺相。及傳中命上見子孫爻。亦不爲凶。

占病訟。忌鬼入傳或臨日。見子孫爻爲救神。減凶。

占盜。遇鬼入傳有沖。或與盜神（盜神卽玄武之陰神陰神詳後）相沖。其盜自敗。若逢空落空。則難捕獲。

干上鬼發用。事多不美。若見德合。猶可望事求官。

傳鬼帶合。又尅日上神。凡事主反覆進退而後成。

鬼宜衰敗。不宜生旺。若鬼當令。亦不爲凶。（當令者月建也如寅爲戌鬼正月占爲當令）

發用爲鬼。又臨尅日之鄉。（如庚辰日午加巳發用之類）名攢眉格。主有兩重不美。卽遇救神。惟解其一。

辰上神發用爲鬼。防家人暗害。

鬼多而有制。不爲凶。占事雖先値驚危。終乃無恐。惟白虎發用。則大忌。須年命上有制虎之神。始可解。

辰上神發用爲鬼。中末傳又引入鬼鄉。如己丑日支上寅發用爲鬼中傳卯亦爲鬼末傳辰雖非鬼而臨鬼鄉謂之家鬼弄家神。有救無禍。無救有禍。

日上神發用爲鬼。得支上神救者。主事自外來。須家內人解救。

發用爲鬼。生末傳。末傳又爲日干之長生。名鬼脫生格。主先凶後吉。

三傳合局化爲鬼。返生日上神以生日。如庚午日日上神爲辰三傳戌午寅火局爲鬼生起辰土辰土生日干庚金主返凶爲吉。

鬼雖入傳。若日上神爲貴人兼日德。名貴德臨身。可以制鬼。

仕宦以鬼爲官星。忌逢空落空。鬼乘白虎。名催官使者。臨日或發用。爲立卽赴任之象。占疾病則大忌。遇之必死。

（五） 墓

墓入傳臨日。主一切閉塞暗昧。壅蔽不通。

辰未爲日墓。丑戌爲夜墓。日墓剛速。夜墓柔延。夜墓臨日。自暗投明。諸事尙有解救。日墓臨夜。自明投暗。一切愈見模糊。

發用爲墓。宜日干旺相。否則占病防死。占訟防屈。

中傳見墓。百事不順。進退有咎。末傳見墓。百事終無成就。

墓逢冲則吉。逢合則凶。若年命上神能尅制之。亦可解救。

初傳生旺。末傳爲墓。成而後敗。初傳爲墓。末傳生旺。敗而復成。

長生坐墓。如甲日亥加未之類因甲日長生在亥墓在未故也謂之自生入墓。如人墮井中。呼天不應。若發用或臨日。尤凶。占病必死。占賊難獲。占行人不來。

長生乘墓。如甲日未加亥之類主新事無成。舊事再發。

日上神爲墓。謂之墓神覆日。主昏晦不明。

干支乘墓。主人宅各欠亨通。干支坐墓。主人宅自招禍患。參觀第三卷訣答課

（六）刑

自刑主自逞自作而自敗。事非順成。死非正命。

互刑主無禮無義。大蕩小淫。子刑卯。門戶不正。尊卑不睦。卯刑子。子息不育。水陸不通。

朋刑主無情無恩。威淩勢挾。寅刑巳。刑中有害。舉動艱難。災訟騈至。丑刑戌。刑中有鬼。貴賤相侮。病獄交臻。巳刑申。戌刑未。刑

中有破。長幼不和。家道零落。

發用爲刑。必見刑傷。刑干憂男。刑支憂女。刑時憂事。

時刑日。憂小人。日刑時。憂君子。

旺刑衰。則福過。衰刑旺。則禍起。

發用刑月建。不可涉訟。刑日陰。（即日之陰神）不可遠行。刑干支。諸事不安。刑干應在外速。刑支應在內遲。

上下相刑發用。又爲鬼。主返覆乖戾。公私兩憂。

（七）沖

沖爲返覆不寧之象。沖日主身有攸往。沖辰主宅有動移。

子午相沖。謀爲變遷。舉動乖異。卯酉相沖。分離失脫。更改門戶。

寅申相沖。邪鬼作祟。夫婦異心。巳亥相沖。順去逆來。重求輕得。

丑未相冲。弟兄不睦。謀望無成。辰戌相冲。悲喜不明。奴婢逃亡。
太歲月建。皆不宜冲。冲歲。歲中不足。冲月。月中不足。
吉神不宜冲。冲則不吉。凶神宜冲。冲則不凶。

（八）破

破臨日入傳。宜散凶事。不宜成吉事。
日破或支破發用。主事多中輟。有更易。一切難望完全。
午卯相破。主門戶破敗。辰丑相破。主牆墓頹圮。酉子相破。主陰小災晦。戌未相破。破中有刑。主人物刑傷。亥寅相破。申巳相破。均破中有合。主敗而復成。
凡破冲。（參觀第三卷冲破課）主人情暗中不順。占婚。雖強成。難久。占產。雖胎動。難生。若逢吉神。主歷盡艱難而後成。若逢空落空。則有聲無形。

年命上見破。主有傷損。

（九）害

害臨日入傳。主事多阻隔。

子加未。主事無終始。官非口舌。未加子。主營謀阻滯。暗裏生災。

丑加午。主公訟不利。夫妻不和。午加丑。主事不分明。終難成就。

寅加巳。主出行改動。退利進阻。巳加寅。主謀事阻難。口舌憂疑。

卯加辰。主事有虛爭。人情反覆。酉加卯。主求謀多阻。幹事無終。

酉加戌。主門戶損傷。陰小災疾。戌加酉。主暗中不美。奴婢邪謀。

申加亥。主先阻後得。事必有終。亥加申。主圖謀未遂。事必無始。

害爲和氣乖違之象。只宜守舊。動卽有失。

（十）空

空即旬空。消極事宜空。積極事不宜空。

日上神爲空。且乘天空。占事全無實象。

占仕宦忌官鬼文空。占父母病忌父母爻空。餘可類推。

進連珠。（參觀第三卷連珠課）初中傳遇空。宜退步。退連珠初中傳遇空。宜進行。

日辰上神俱值空亡。是謂四課皆空。（因第三第四課均落空之故）宜解散。不宜謀爲。占病。久病者死。新病者愈。

凶神宜空。空則不凶。吉神不宜空。空則不吉。

（十一）馬

馬即驛馬。有年月日時四種。普通所稱之馬。係指日驛馬而言。

仕宦占遇馬。主升擢。平民占遇馬。主奔波。
馬與祿會。尤吉。忌逢空落空。
馬臨長生。或落空亡。占行人。必不歸。

（十二）丁

丁卽旬丁。見第一卷性質與馬相類。亦爲發動之象。丁與馬會。發動尤速。
金日卽庚辛日遇丁入傳。殃禍立至。水日卽壬癸日遇丁入傳。財氣大來。
占捕盜。遇盜神乘丁神。必不能獲。

第七節　論陰神及遁干

凡神有陽必有陰。陽神顯而陰神隱。欲窮事之究竟。必須兼視陰神。十二天將。除貴人以晝夜互爲陰陽外。卽晝占以夜貴爲陰神夜占以晝貴爲陰神其他各以所乘神之上神爲陰神。例如甲子日丑時酉將夜占。螣蛇乘申臨子。視地盤申上得辰。辰卽螣蛇之陰神也。乙卯日子時亥將夜占。白虎乘丑臨寅。視地盤丑上得子。子卽白虎之陰神也。餘可類推。占盜賊視玄武陰神。若上下比和。卽可斷其所匿之處。占疾病視白虎陰神。若尅日辰年命。主其病不救。占詞訟視勾陳陰神。若乘凶將尅日。必遭刑責。舉一反三。神而明之。存乎其人矣。

遁干有日遁時遁二種。（見第一卷）壬式四課三傳。皆支神出現。支常靜而不動。遁干則運此移彼。變動無方。禍福潛伏其中。最宜參看。例如發用雖非鬼。若其遁干尅日。則以鬼論矣。發用雖非財。若其遁干爲日所尅。則以財論矣。日上二課。用日之遁干。辰上二課。用時之遁干。視其與日辰發用。生尅制化何如。而後吉凶始無遁形。此壬式變化之玄機也。

第八節　論克應

課式之吉凶既定。則當查其應驗之時期。在壬家謂之克應。太歲發用。應在本年之內。月建發用。應在本月之內。月將發用。應在月將管事之內。如亥將發用應在雨水後春分前戌將發用應在春分後穀雨前餘類推四立發用。應在本季之內。四立者立春立夏立秋立冬四日之支也如甲子日立春春季占得發用爲子應在正二三月之內二十四氣發用。應在本氣之內。旬首發用。應在本旬之內。七十二候發用。每一氣分三候一候爲五日應在本候之內。本日之支發用。應在當日。若係六甲日則以旬首論眞時發用。應在當時。如歲月氣候日時。均不見發用者。當從本日之支。次第推之。如丑日用寅。應在第二日。用卯。應在第三日。用辰。應在第四日。出四位。則不取矣。須視地盤太歲上之神以定其月。如子年占。巳加子。應在四月。以四月建巳故也。酉加子。應在八月。以八月建酉故也。又太歲在中傳。爲去年事。在末傳。爲二三年前之事。中末傳見月建亦然。又旺氣發用爲現在事。相氣發用爲未來事。休囚等氣發用爲過去事。亦宜兼參也。

此外關於克應之說尚多。有以日干所生。爲吉事之應期。日干所尅。爲凶事之應期者。有以初傳所合。爲成事之應期。末傳所冲。爲散事之應期者。有以發用之絕神墓神爲應期者。（陽日發用取絕陰日發用取墓）又有以末傳合神之下神。爲吉事之結期者。各持一說。均含至理。總在臨時觸機。擇其與事實相近者而定之。斯庶幾矣。至占行人。如課傳中已見歸象。則以初傳墓下之神爲歸期。此又諸家所一致主張者也。

壬學大成 六壬鑰 卷五

虞山蔣問天著

斷法篇中　分論

就課傳之生尅衰旺。參以天地盤之神將。歲月日之神煞。而斷人事之休咎。此占課之通例也。然課象有一定。而人事則萬殊。上卷雖對於課傳神將及各種重要神煞等。詳細論列。而頭緒紛繁。初學者或仍恐無從下手。本篇特變通其法。以事爲經。以課爲緯。分門別類。提要鉤玄。細讀一過。當不難按圖索驥矣。

第一節　占晴雨

占晴占雨。其說至多。發用乘白虎者晴。乘靑龍者雨。此一說也。魁罡加孟者雨。加仲者陰。加季者晴。此又一說也。初傳乘朱雀。

末傳乘青龍者晴。初傳乘青龍。末傳乘朱雀者雨。此一說也。玄武乘亥者雨。朱雀乘午者晴。此又一說也。凡此諸說。或失之偏。或失之小。或失之巧。或失之奇。均非占晴雨之正軌也。然則占晴雨之法奈何。曰。當於日上發用及三傳等。詳細視察。參以類神。而後所下之斷語。始不至誤。今舉其要如左。

日上神屬火。而所乘之將爲蛇雀者。主晴。若爲下神所尅。即爲日所尅則反主雨。日上神屬水。而所乘之將爲玄后者。主雨。若爲下神所尅。則反主晴。此以日上神而斷其晴雨也。

蛇雀乘巳午發用者主晴。玄后乘亥子發用者主雨。發用爲妻財爻者主晴。發用爲官鬼爻者主雨。此就發用而斷其晴雨也。

炎上主晴。值空亡則反雨。潤下主雨。值空亡則反晴。曲直主風。

値空亡則無風而晴。從革主雨。値空亡則不雨而風。稼穡主陰。値空亡則不陰而風。初傳火而末傳水。是謂未濟。主晴。初傳水而末傳火。是謂既濟。主雨。炎上乘火土天將。主大晴而且熱。潤下乘金水天將。主大雨而且霾。三傳見亥子。逢空或落空。主晴。三傳見巳午。逢空或落空。主雨。課傳純陽。主晴。課傳純陰。主雨。伏吟不遇丁馬。則晴雨照舊。反吟不遇空亡。則晴雨變易。此就課傳而斷其晴雨也。

次當審其類神。類神偏勝。則有其一而無其一。如卯多亥丑少。則主雷震而不雨。（卯之類神爲雷亥丑之類神均爲雨）子多亥丑少。則主雲盛而不雨。（子之類神爲雲）類神交併。則欲乎此而得乎此。如占晴而遇蛇雀巳午。同入課傳。必晴。占雨而遇亥子龍后。同入課傳。必雨。

若夫久雨而占何日將晴。則剛日視午下神。柔日視巳下神。如剛日午加子。卽子日晴也。柔日巳加寅。卽寅日晴也。久晴而占何日將雨。則剛日視子下神。柔日視亥下神。如剛日子加卯。卽卯日雨也。柔日亥加酉。卽酉日雨也。其晴之久暫。及雨之多寡。當視火水二神（火神卽巳午　水神卽亥子）之旺相休囚而定之。至於朝晴而暮雨者。火土發用。而末傳青龍乘水神也。朝雨而晚晴者。金水發用。而末傳天空乘土神也。日出而不晴者。朱雀乘午發用。而卽爲下神或中末傳所尅也。雲簇而不雨者。天后乘子發用。而卽爲下神或中末傳所尅也。風雲雨大作者。寅申龍虎互乘也。雷雹雨大作者。丑午雀合並現也。此又占晴雨而附及者也。

白虎乘申酉發用者。雪占也。太陰乘申酉發用者。霜占也。寅申臨日辰發用者。風占也。水少火土勝。申乘白虎發用者。雹占也。六合乘土神臨火神發用者。霧占也。此又占晴雨時推類而及者也。

右方所述。雖不能包括無遺。而大體已具。仿而求之。天道不遠也。

晴雨之占。隨時可爲之。實爲練習壬式之第一方便法門。或謂須有土地人民之責者。遇晴雨愆期。始可一占。否則恐近於褻。此迷信之談也。學者幸弗爲其所惑。

第二節　占婚姻

青龍主男。天后主女。日主男。辰主女。青龍旺相。則男爲佳兒。天后旺相。則女爲佳婦。青龍之陰神乘貴人。則男貴。天后之陰神乘太常。則女貴。青龍所乘之神生后。或與后比和。則男益乎女。天后所乘之神生龍。或與龍比和。則女助乎男。此就龍后而占男女之大概也。日上神旺相。則男吉。辰上神旺相。則女吉。日上神乘貴人。則男貴。辰上神乘太常。則女貴。日上神生辰或比和。則男與女相得。辰上神生日或比和。則女與男相得。日之陰神旺相。則男宅富。辰之陰神旺相。則女宅富。此就日辰而占男女之大概也。如龍所乘之神剋后。或日上神剋辰。則爲妨婦之男。后所乘之神剋龍。或辰上神剋日。則爲損夫之婦。均非佳耦也。

凡日辰神比和。而三傳爲三合。或初末傳爲六合者。三合卽行合 六合卽支合 龍后所乘之神。與日辰上神。無刑冲破害者。男占重辰上 女占重日上 六合所乘之神。與日辰上神。無刑冲破害者。六合為媒龍后乘卯寅發用者。太常乘子臨丑發用者。三傳比和相生。而無空亡刑害者。初傳為媒中傳為男末傳為女三傳中成神喜神參觀附錄神煞表並見。又乘龍合常后者。課傳俱吉。而斗罡加仲季者。天后神后入傳。與日辰為三合六合者。日尅六合所乘之神。或辰尅六合所乘之神者。皆婚姻成就之占也。而成就之期。則遠者男以龍之陰神為成年。女以后之陰神為成年。近者視龍后之陰神而定其月。又近者視龍后之陰神而定其日。至於結婚之日。則大吉所臨之辰。是其期矣。

凡日辰上神。刑冲破害而不相合者。龍后六合所乘之神。與日辰刑冲破害者。日辰上下相尅。或日上神尅辰上神。辰上神尅日上神者。三傳相刑。而白虎發用者。天空或空亡發用者。日尅天后所乘之神。或天后所乘之神尅日者。日生三傳。而后合不見者。男女行年上神。刑冲破害或相尅者。課傳不甚吉。而斗罡加孟者。男宅占而妻財爻空亡。女宅占而官鬼爻空亡者。皆婚姻不成之占也。

至於女子之品行性情容貌。更當分別言之。

(一)品行　四課俱全。辰上神旺相。末傳乘吉將者正。四課陰不備。六合乘亥卯未酉。與天罡乘太陰入傳者邪。女子命上神。爲日之官。乘貴人太常兼日德或支德者正。女子命上神爲神后。乘玄武太陰與桃花煞（參觀附錄月神煞表）者邪。

(二)性情　女子之性情。以女子命上神之五行決之。屬水爲智慧。若乘惡將。或為下神所尅。則詭譎輕浮。屬火為亢爽。若乘惡將。或為下神所尅。則暴躁貪淫。屬木為率直。若乘惡將。或為下神所尅。則剛愎自用。屬金為堅毅。若乘惡將。或為下神所尅。則兇惡寡情。屬土為端重。若乘惡將。或為下神所尅。則頑愚無恥。如不知女子本命者。可以天后所臨地盤之神。照上法推之。

(三)容貌　女子之容貌。以辰上神所乘之天將決之。乘貴人則貴重美好。乘螣蛇則有病。面多紅色。乘朱雀則有目疾。（雀乘巳午能文乘亥子麻面乘寅卯申酉髮少乘四季雀斑）乘六合則姣好。乘勾陳則粗短。乘青龍則美而瘦。乘天空則醜而肥。乘白虎則醜而惡。乘太常則美而好飲。乘玄武則黑而短。乘太陰天后則俱美好。如支上神為支之六害。必有殘疾。大概知其姸者。天后神后入課而旺相也。知其醜者。發用子加巳或加四季。與女子命上神見魁罡也。此外又當坿占女子之有子與否。六合與命相生者有子。六合與命相尅者無子。三傳中見子孫爻者有子。三傳中無子孫爻者無子。子臨命上。則先女而後男。午臨命上。則先男而後女也。日上神乘天后。辰上神乘六合。主未娶而先通也。傳課循環。主因親而致親也。日臨辰上。主男就女家。辰臨日上。主女就男家。子加申。酉加寅。主男有二婦。申加子。寅加戌。主女有二夫。巳亥相加發用。主兩心不定。六合所乘神尅后。主強橫奪妻。如聞媒妁之言。而未知其虛實。則視六合所臨之神。臨孟實。臨仲。虛實參半。臨季全虛。婚姻之占。盡於是矣。

第三節　占胎產

胎產之占。先觀其有無。次決其男女。次卜其生期。及生之吉凶。而能事畢矣。

凡日辰上神相合。三傳旺相。而發用爲子孫爻者。日辰上及三傳見蛇合后者。發用辰戌乘后合。乘血支血忌者。胎神乘生炁發用。臨日辰年命者。夫婦年上神爲三合六合。更値天月二德與生炁者。夫婦行年上神。爲日之子孫。而上下無空亡六害者。太乙臨婦人之行年。而乘六合者。皆主有孕。日辰上神刑冲。三傳休囚空亡。而子孫爻不見者。課體得無祿絕嗣。三傳爲丑亥酉者。夫婦行年上神相刑害。乘惡煞。而子孫爻不見者。皆主無孕。若發用寅未相加。乘蛇虎。作日鬼或天鬼。臨辰尅日。雖有孕而爲鬼胎也。天后乘天罡。臨行年。與子孫爻乘螣蛇。帶血支血忌。或三傳尅日。雖有孕而終墮也。子孫爻乘死炁空亡。與支胎課乘玄虎。孕必死。巳亥日返吟。與子孫爻乘蛇勾。而非空亡六害。孕易動。此皆占孕之有無而附及者也。（血支血忌胎神生炁死炁日鬼天鬼均詳增錄神煞表）

男女之占。其法甚多。以理推之。悉皆虛謬。惟以孕婦行年上神決之。斯爲準確。年上神屬陽。則生男。年上神屬陰。則生女。如就課傳論。四上尅下者男。四下賊上者女。六陰者男。六陽者女。三傳二陰包一陽者男。二陽包一陰者女。明白簡易。莫過於此矣。

生產之期。以發用之三合定其月。（如用神爲亥主卯月或未月生）以發用之刑冲定其日。（如用神爲子子刑卯冲午主卯日或午日生）以用後之一辰定其時。（如用神爲子則主亥時生）若天空白虎乘子孫爻發用。與今日支脫今日干。一無羈絆者。

無合謂之無羈絆則主當日生。其生時以日之長生定之。如甲日長生在亥主亥時生

凡日上神脫辰上神。或三傳脫辰者。三傳逢大煞空亡及傳退者。即退連珠子加戌發用。又作血支血忌者。傳內白虎乘子孫爻者。日入傳而辰脫日者。天空臨日。日生三傳者。青龍乘酉。而逢沖動者。則生產速而易。日上神合辰上神。或三傳合辰者。三傳逢三六合及傳進者。即進連珠發用血支血忌。沖動浴盆煞而無水者。勾陳乘子孫爻者。日入傳而辰合日者。課傳循環。而不見刑沖空脫者。則生產緩而難。大煞浴盆煞均詳附祿神煞表

日辰上神。旺相相生。乘吉將。或日辰上神不相尅害。或初傳乘六合。中末傳乘青龍。或辰生日。或辰生三傳。或三傳遞生而不乘惡將。或婦人行年上神旺相。末傳乘吉將。而日上神亦乘吉

將。凡此皆可以吉斷者也。

日上神尅辰上神。或六合所乘之神。尅天后所乘之神。或墓神覆支。而不見刑沖。或三傳尅支。蛇虎入傳。而支乘死炁。皆主損母。辰上神尅日上神。或天后所乘之神。尅六合所乘之神。或墓神覆日。而不見刑沖。或三傳尅日。蛇虎入傳。而日乘死炁。皆主損子。若日辰互尅。后合相刑。而四課三傳。又無一吉將。則主母子俱損。凡此皆當以凶斷者也。

三傳俱旺。末傳乘天后。或課不備而日脫辰。主不足月而生也。發用空亡。傳歸實地。或柔日昴星。或伏吟無丁馬。主過月而生也。

貴人乘四仲臨四孟。或壬戌日伏吟。主雙生也。

貴順傳順。或戌加亥。主順生也。貴逆傳逆。或亥加戌。主逆生也。辰戌乘龍虎。作月厭發用。主怪生也。伏吟不動。而干支刑尅。神將俱內外戰。主逆不生也。

課體伏吟。而玄武臨辰。主生而聾啞也。庚辛日。神后乘白虎。或天空乘卯臨辰。主生而缺唇也。胎產之占。盡於是矣。

第四節　占家宅

家宅之占。以日爲人。辰爲宅。先合觀其大體。次再分別而詳論之。

凡日上神生辰。辰上神生日者。日上見辰之旺神。辰上見日之旺神者。日辰上見德神貴人。而不爲空亡者。日辰上見三六合或交叉合者。辰加日生日。日加辰生辰者。貴合龍常吉將乘日辰上神發用者。於人爲福。於宅爲吉。

凡日上神脫辰。辰上神脫日者。日上神尅辰。辰上神尅日者。日上神墓辰。辰上神墓日者。日上神爲辰之敗氣。辰上神爲日之敗氣者。日辰上神刑冲破害。或空亡破碎（詳坿錄神煞表）者。日加辰受尅。辰加日尅日者。三傳無氣。發用空亡者。玄勾蛇虎凶將乘日辰上神發用者。於人爲禍。於宅爲凶。

大體既明。進而分占人宅之禍福吉凶。

凡日上神乘吉將。作日德或貴祿者。日上神生日者。辰上神生日。或辰加日而生日者。日上神爲生炁。乘青龍者。日上神尅辰者。日加辰而尅辰者。辰生日上神者。日上神爲月將。又乘吉將者。課體吉而三傳生日者。三傳生日。而天將尅日者。或三傳尅日。而天將生日者。三傳遞生而生日者。三傳旺相。發用日德。乘吉將者。初傳爲日前一辰。末傳爲日後一辰者。皆於人爲福占。

凡日上神乘凶將。爲日之刑冲破害者。日上神尅日或墓日者。辰加日而尅日或墓日者。日上神爲死炁。乘白虎者。辰上神尅日者。日加辰而受尅者。辰尅日上神者。日上神空亡。或脫日敗日又乘凶將者。課體凶。而三傳尅日或脫日者。三傳遞尅而尅日者。發用空亡。或爲日墓者。發用尅日。又乘凶神惡將者。皆於人爲禍占。

再以日上神所乘之天將。視其與日干爲生爲尅。而斷定其事因。貴人生日。主貴人提絜。尅日。主干謁無效。日尅貴人。主惹禍招非。螣蛇生日。主憂疑解散。尅日。主小兒疾病。日尅螣蛇。主怪夢虛驚。朱雀生日。主文書喜氣。尅日。主是非口舌。日尅朱雀。主財物到門。六合生日。主婚姻成就。尅日。主親長有災。日尅六合。主添進人口。勾陳生日。主田土進益。尅日。主田土涉訟。日尅勾陳。主修造動土。青龍生日。主官職遷擢。尅日。主家堂不安。日尅青龍。主財喜重疊。天空生日。主奴婢得力。尅日。主下人欺侮。日尅天空。主加工修築。白虎生日。主宦途發達。尅日。主孝服血災。日尅白虎。主驟得橫財。太常生日。主財帛進門。尅日。主口腹得疾。日尅太常。主酒食徵召。玄武生日。主搬弄是非。尅日。主竊盜臨門。日尅玄武。主先驚後喜。太陰生日。主陰人助財。尅日。主僧道暗算。日尅太陰。主財物自來。天后生日。主妻妾懷娠。尅日。主婦人爭鬭。日尅天后。主喜事臨門。

又當以三傳全體之生尅。驗其人口。三傳全財。不利尊長。三傳全印。（生日干者爲印即父母爻也）不利卑幼。三傳同類。（即兄弟爻也）不利妻妾。三傳傷食。（日干所生者爲傷食神即子孫爻也）不利官祿。三傳全官鬼。不利本身與兄弟。若有日上神制之。可解。

至於空亡之爻。亦當詳審。如父母爻空。則父母有不測。子孫爻空。則子孫有不測。再以陰神及行年上神參證之。禍福無遺矣。

凡辰上神爲太歲月將。又乘吉將者。天乙乘太歲臨辰上者。（平民占得忌）辰上神生辰者。辰上神作生氣乘青龍者。辰上神爲支德或天喜者。辰上神與日上神比和。或三合六合德合乘吉將者。辰上神旺相。或辰自旺者。三傳旺相。發用乘吉將。支德不尅日者。發用爲日之長生。乘吉將而不尅日者。皆於宅爲吉占。

凡辰上神爲休囚墓絕。又乘凶將者。辰上神雖作生炁。而尅日者。辰上神脫辰敗辰墓辰者。辰上神空亡。或辰自空亡者。辰上神與辰刑冲破害者。三傳休囚乘凶將。而發用支德值空亡者。太歲乘白虎臨辰上者。仕宦不忌辰上神尅辰者。辰上神作死炁或月厭乘凶將者。三傳盡爲辰之鬼。或發用爲辰鬼而不生日者。皆於宅爲凶占。

又當視辰上神所乘天將之善惡。以定其興替。天乙臨辰。主家道興隆。產生貴子。如與凶煞會。則小口災。多虛驚。螣蛇臨辰。主怪異火災。妖夢鬼祟。小兒不安。若逢伏尸煞。則家有伏尸。朱雀臨辰。主求親作書。眼疾傳染。內外喧噪。如午酉日占。則婦人不和。有口舌詛咒。六合臨辰。主增進人口。眷屬入門。修造動作。如戊己日占。則有人送物。添丁進喜。勾陳臨辰。主屋宇毀壞。小兒疾病。若傳見朱雀。則爭田涉訟不已。見白虎。主婦人久患血病。青龍臨辰。主橫入他財。骨肉娛樂。子孫富貴。屋宇光華。如傳見六合。主進人口。傳見三合。主積財寶。天空臨辰。主財帛散失。奴婢掌權。陰小多災。宅神空廢。漸見凋零。白虎臨辰。主病亡喪禍。發用乘朱雀勾陳。主官訟。三傳見天乙。主病動。見玄武。主小兒病難治。太常臨辰。主宅舍修飾。歌管歡呼。外家作主。女得外家財物。庫中豐滿。如發用乘蛇虎或丁神。防孝服。玄武臨辰。主盜賊臨門。奴婢逃亡。少婦墮胎。風水不吉。以致家長損。陰小災。或有水鬼。太陰臨辰。主異姓過房。財帛暗積。如值死囚氣。則小口削弱。財帛傷損。天后臨辰。主產生貴女。如發用爲太常。則宅有寡婦。

若欲占新舊宅之吉凶。則以日上神爲舊宅。辰上神爲新宅。觀其旺衰。而臧否異焉。日上神旺相。舊宅好。如尅日。則自不欲住矣。辰上神旺相。新宅好。如尅辰。雖移住不久也。辰左神爲左鄰。辰右神爲右鄰。觀其神將。而善惡分焉。例如辰爲子。則丑爲左鄰。亥爲右鄰。神將吉則善。神將凶則惡也。

青龍乘子臨辰巳。宅井有水也。天空乘太乙入傳。井竈須修也。

青龍乘日支臨日。宅乃寄居也。大煞臨辰乘虎尅日。宅有血光也。天后太陰臨辰。而陽不備。宅掌陰人也。龍蛇乘子午。臨日辰而見血支。宅有孕婦也。子午丑未相加。而乘朱雀。兄弟不和而分居也。螣蛇乘日支臨午。牀下有毒蛇也。青龍乘生炁。臨辰生日。宅漸興旺。且悠久也。白虎乘生炁。臨辰生日。宅必驟發。但不永也。凡此皆禍福吉凶之附占也。

第五節　占疾病

占病之法。宜慎而詳。大要有三。一曰占其死生。二曰占其病症。三曰占其醫藥。而鬼祟不與焉。

（一）占其死生

占病以日爲人。辰爲病。日上神尅辰。辰上神尅日凶。最忌者爲白虎。白虎値死炁尅日。或日上神乘白虎尅日。或辰乘白虎尅日。皆主必死。次忌者爲墓神。墓神覆日。或墓神發用。或年命坐墓。若無救解。亦主死。此外日德日祿發用値空亡。年命上神値空亡。日上神値空亡。亦屬死徵。又婦女忌天后。小兒忌螣蛇。其凶與白虎相等。

爲人占病。而類神值空亡。例如占尊長病而天乙空。占兄弟姊妹病而太陰空。占夫病而青龍空。占妻病而天后空。占奴婢病而天空空。皆不吉之象也。

死期則以日干之絕神定之。例如甲日絕在申。則查申下之辰。值歲建。不出一年。值月建。不出一月。值日支。不出一日。如均非者。卽以絕神下之辰爲其死日。如絕神乘申臨巳。則可斷定其爲巳日死也。

白虎乘神雖尅日。而日上神或白虎之陰神及尅白虎。年命雖坐墓。而墓神值生炁。課傳雖凶。而類神臨生旺之鄉。課傳中雖塡滿死神死炁飛魂喪魄月厭大煞等凶煞。而無一尅日干。凡此皆爲不死之徵。其病愈之期。則爲日干所生之日。如甲日占。丙日愈。乙日占。丁日愈。以子孫能制官鬼故也。

(二) 占其病症

辰上神爲病症。故欲知病症。當視辰上神。神后主傷風胃竭。天后乘之。則男子精絕。女子血絕。登明主顚狂濕風。玄武乘之。則眼目流淚。天魁主腹痛脾泄。天空乘之。則行步艱難。從魁主咳嗽勞傷。太陰乘之。則損肺傷脾。傳送男主唇破。女主孕危。白虎乘之。則瘡腫腐骨。小吉主翻胃嘔吐。太常乘之。則氣噎癆瘵。勝光主心痛目昏。朱雀乘之。則傷風下痢。太乙主齒痛嘔血。螣蛇乘之。則頭面疼腫。天罡主遺漏風癱。勾陳乘之。則咽喉腫塞。太冲主胸脅多風。六合乘之。則骨肉疼痛。功曹主目疼腹痛。青龍乘之。則肝胃不和。大吉主氣促神虛。天乙乘之。則腰腿痿痺。若欲究其得病之原因。則當視日上神所乘之天將。乘天乙。由思想勞苦而得也。乘螣蛇。由驚恐憂疑而得也。乘朱雀。由口頭咒詛而得也。乘六合。由喜慶姻親而得也。乘勾陳。由情緒牽絆而得也。乘青龍。由經營財物而得也。乘天空。由欺妄隱忍而得也。乘白虎。由弔喪問疾而得也。乘太常。由酒食醉飽而得也。乘玄武。由祀神捕盜而得也。乘太陰。由奸私暗昧而得也。乘天后。由閨房酒色而得也。自巳至戌。白虎乘之。病在表也。自亥至辰。白虎乘之。病在裏也。

（三）　占其醫藥

男以天罡加行年。功曹之下爲醫神。如行年在寅天罡辰加寅則功曹寅之下爲子子屬北方即醫在北方也行年在未天罡辰加未則功曹寅下爲巳巳屬東南方即醫在東南方也女以天罡加行年。傳送之下爲醫神。醫神若能尅支。或能制白虎所乘之神。則善矣。不然。則於日干寄宮前第二辰下求之。是爲値日天醫。如甲寄寅在寅之前二辰爲辰辰所臨之處即値日天醫之所在也天醫能尅支。或能制白虎所乘之神。則善矣。又不然。則於天醫之對冲下求之。是爲値日地醫。地醫能尅支。或能制白虎所乘之神。斯又善矣。又不然。則直於制白虎所乘神之辰下求之。如虎乘申則於午下求之虎乘酉則於巳下求之陰陽須相比無有不善矣。

其醫神屬木者。宜禳解。屬土者。宜丸散。屬水者。宜湯藥。屬火者。宜灸。屬金者宜針砭。

第六節　占謀望

謀望之占。事非一端。情亦萬緒。大要先視類神。如求財視青龍。

紹商視六合。衣食視太常之類。類神入課傳。則有望。否則無望。次視日辰上神。如比和乘吉將。而不見刑冲破害。爲有望。否則無望。再次視發用。如乘吉將。無內外戰。與日相合。而不落空亡。則有望。否則無望。所喜者。貴登天門。貴人臨亥爲登天門神藏煞沒。天盤四季加地盤四孟爲神藏煞沒及貴人臨日。所忌者。日辰乘墓坐墓。或墓神覆日也。

凡發用關格。即子加卯午加酉蓋卯酉爲關子午爲格復乘惡將者。三傳均乘凶將者。類神值空亡者。破碎發用。復乘惡將者。歲破月破同入傳。類神適爲歲月破者。命上神尅日上神者。初傳尅末傳者。類神入傳而休囚者。皆謀望不成之象也。

凡日德日合發用。又乘吉將者。三傳均乘吉將。類神不值空亡者。類神發用。而不受制者。太歲或月將作貴人發用者。命上神或日上神乘貴人或福德。（即月將）而與發用相比和者。日上神與命上神相合。或日上神尅命上神者。丑加巳。或子加丑。更乘吉將者。末傳尅初傳者。類神入傳而旺相者。三傳中見成神。（詳附錄神煞表）龍常臨日發用而不尅日者。（若求官則尅日反吉以求官喜見官鬼也）皆謀望必成之象也。

至論謀望之遲速。則類神旺相者速。類神休囚者遲。刧煞（詳附錄神煞表）發用者速。驛馬發用者遲。成神作初傳者速。成神作末傳者遲。日德作類神而發用者速。巳亥作類神而發用者遲。類神臨卯酉者速。類神臨辰戌者遲。三傳不離四課。而末傳歸日上者速。三傳離四課。而末傳值空亡者遲。

宜於公而不宜於私者。課傳六陽也。宜於私而不宜於公者。課傳六陰也。所圖而知其實者。傳逢三六合而類神見也。所圖而知其虛者。天空乘旬空而類神伏也。宜動而不宜靜者。丁馬並見也。宜靜而不宜動者。干支乘旺也。（如甲申日第一課卯甲第三課酉申之類）自干傳支。則我去求人。自支傳干。則人來求我。先刑後合。則初難後易。先合後刑。則初易後難。三傳遞尅。而復來尅日。事雖小而終乖。太歲月將發用。宜大事也。三傳平淡而乘吉將。宜小事也。上尅下發用。則事起男子。在外。下賊上發用。則事起女子。在內。課逢知一。則事起比鄰。辰尅日則言眞。日尅辰則言僞。傳順貴順。則事順。傳逆貴逆。則事逆。去辱喜空。求榮喜實。此皆占時所宜附及者也。

第七節　占官祿

官祿之占。就天將言。則文視青龍。武視太常。而天乙朱雀白虎。亦須兼及。蓋天乙爲貴人之首。朱雀主文書。白虎乘官鬼。爲催官使者。且主威權也。神煞方面。則重太歲月將日德天馬（詳坿錄神煞表）驛馬。蓋太歲爲至尊之神。月將爲福德之神。日祿爲福祐之神。天驛馬爲發動之神。均求官求祿之要素也。所喜者。日官日祿印綬軒車（戌爲印未爲綬卯爲軒車）也。所忌者。空亡與冲墓也。所主者。本命與行年也。

因是以占在任之吉凶。日上神及發用爲日德日祿。或日官上乘吉將者吉。日上神及發用均乘凶將。或神將雖吉而冲墓空亡者凶。

日上天羅。辰上地網。羅網發用。而年命上乘喪弔（喪門弔客）者。為丁制之凶。日上發用。丁外艱。辰上發用。丁內艱。日上發用。為日之墓神。或乘白虎。或祿神作閉口。或神將不吉。而中末值空亡。年命上神乘病符（詳增錄神煞表）等凶煞者。為疾病不測之凶（輕則疾病重則不測）三傳遞尅日干。而無日德解救。或朱雀乘閉口者。為論劾之凶。德祿官三者值空亡。年命上神又乘凶將。或乘天空者。為去位之凶。日祿臨支。或日祿臨支坐墓。而無官德解救者。為缺折遜避之凶。

若夫占陞遷之遲速。則視龍常（文視龍武視常）所臨之神。如臨日辰。則佳音可翹首而待。不然。視其所臨之神。所臨之神與日隔若干位而定其年。與辰隔若干位而定而月。龍常所乘之神生日干者。內除也。爲日干所生者。外除也。日祿所臨之處。卽食祿之方也。

若占聞報之虛實。則傳課佳。而太歲在日前。或日上神乘天喜朱雀者。實也。傳課不佳。而太歲在日後。或日上神空亡乘玄武者。虛也。他如太歲月將。臨日發用。官印顯赫。祿馬扶身。貴登天門。神藏煞沒。以及甲子庚寅日之伏吟。皆主官尊祿厚。悠久無疆者也。

第八節　占財物

求財之占。當視日財。日干所尅者爲日財。蓋卽妻財爻也。天將則重青龍。以青龍爲財喜之神故也。生日財及墓日財者。均爲暗財。如辛日以寅爲財亥子生寅木而寅木墓於未故亥子未爲暗財亦須兼參。課傳中見財。或年命上見財。或青龍之陰神為財。或青龍臨日辰。而所乘之神。為日之長生。或日辰年命上見暗財。或青龍乘暗財發用。凡此皆主求之可得。又日尅初傳。初傳尅中傳。中傳尅末傳。為求財大獲格。傳中見日祿或命祿。謂之一祿勝千財。尤吉。

三傳俱財。財反化鬼。三傳俱鬼。鬼反化財。日財發用。值旺相之月。所乘天將。又與之生合比和。則主無財。蓋財自貪其生旺。不能為我作財也。此外日財逢空落空。或財不入傳。而青龍又入廟入墓者。（青龍臨寅名入廟入墓即坐墓）或青龍乘空亡。而日辰上神相比和。凡此皆求而不得之象也。

至占得之難易。則辰來生日者易。辰來尅日者難。財為發用者易。財為末傳者難。財臨日者易。日臨財者難。日德日祿發用者易。反吟伏吟爲課體者難。支傳干者易。干傳支者難。日辰上神比和者易。日辰上神相尅者難。其先難而後易者。初傳爲鬼。而中末傳爲財也。求之宜緩。先易而後難者。初傳爲財。而中末傳爲鬼也。求之宜速。

若論財之多寡。則財逢旺相者多。財値休囚者寡。發用爲財者多。中末爲財者寡。類神見者多。類神伏者寡。如求金銀須見酉求衣服須見未之類太歲作財神而乘青龍者多。時日作大小耗詳附錄神煞表而不乘青龍者寡。財逢旺相。適値旬空。則空手而得財也。財乘太陰。則無心而獲財也。至論求財之方向。則青龍所臨之處是矣。

占索債。則日爲債。辰爲債主。時爲欠債人。如時上神生日。日上神生辰。或俱比和。或俱乘吉將。或辰上神尅時上神。索之可得。

占借債。則因日之剛柔而異。剛日視日上神。柔日視辰上神。遇丑寅乘吉將。立遂。遇巳午。稍有留難。遇酉戌。略有希望。遇申未。必被拒絕。遇亥子。必遭婦人嗔責。若類神入傳。財爻旺相。則所求必遂。不必泥視日辰上神也。

占賭博。則日爲客。辰爲主。辰上神尅日上神者主勝。日上神尅辰上神者客勝。

若占不正當之財。則視三傳。先鬼後財。或傳鬼化財。或玄武附財。均吉。此求財之別占也。

第九節　占行人

占行人。分遠近久暫。詳視類神及諸煞。方可斷其歸否與歸期也。

如暫出而未知其歸否者。則以此人出門之時。加於今日之支上。視天罡下之神爲至期。例如昨日巳時出門。今日是癸丑。卽以巳加丑上。順數前去。値天罡臨子上。卽斷其子日到。或今日子時到也。如出久而地近。未知其歸否者。則以月將加用時。視天罡下之神。是孟。未動身。是仲。在半路。是季。卽至。例如酉將午時。則辰下是丑。丑爲季。主其人卽到也。

如遠遊之人。出久而未知其歸否者。則視四課三傳。凡墓神發用。或墓神覆日。或墓神覆辰。或天驛二馬臨辰。或類神臨辰。或日辰上見天罡。或行人本命發用。或發用爲日之絕神。或發用爲日之官鬼。或初傳爲日。而末傳爲辰。或末傳歸日辰上。或末傳爲日墓。或末傳爲天驛二馬之墓。或末傳爲戌加卯或酉。或三傳內見類神而不空亡。或三傳內見遊神（詳坿錄神煞表）坐墓。或類神發用。或類神乘馬坐墓。或白虎乘二馬。皆主必歸。其歸期則以遊神下之神決之。例如遊神是子。子下爲寅。則主寅月或寅日歸也。若天罡乘馬。不論入傳不入傳。主當日卽至。用時發用。及剛日伏吟見丁馬。柔日伏吟。丁馬逢刑戰。則主卽刻到也。如行人久出。絕無音耗。課傳內又不甚了了。則視行人之行年與日干。將天盤之日干寄宮。依貴人之順逆。轉至地盤之日干寄宮。（貴順則順轉貴逆則逆轉）若從卯酉上經過。而卯酉上之神。不尅日。不尅行年者。其人必歸。其歸期三千里外人。視大將軍（詳坿錄神煞表）下之神。千里外人。視歲建下神。五百里外人。視月建下神。百里外人。視日干下神。無不應也。如不經過卯酉。或經過而日及行年爲其上神所尅。則可決其不歸矣。

如行人久出。不知去向。則視其行年上之神。可定其在何方。例如行年是卯。若卯上爲酉。則酉屬西方。卽知其在西方也。

如行人久出。不知其程。則以年命上之神。合而定其里數。意其近。則一進十。意其遠。則十再進百。若年命上神旺相。又當倍而進之。否則但有進而無倍。而程之遠近辨矣。列如命上神是子。而子數九。年上神是亥。亥數四。合成十三數。進作一百三十里。倍而進作二百六十里。或進作一千三百里。倍而進作二千六百里也。

歸而病者。末傳爲日墓。而白虎乘之也。歸而無財者。年命上與三傳皆無財。或見財而落空亡。或財爻乘玄武也。歸而不如意者。年命上乘敗氣。或貴人落空。或成喜二神落空也。至於日尅初傳。或初傳爲日墓。或初傳空亡。或類神空亡。或二馬空亡。或日馬臨長生。或日馬爲下神所合。則皆不歸之象也。

若爲人羈留。而不得歸者。則視類神所乘之天將。而斷其爲何人所留。例如類神是戌。乘貴人。爲貴人所留也。乘天后太陰。爲婦女所留也。以所至之方爲樂地。而不肯歸者。則類神臨長生或旺鄉。與驛馬臨長生也。中道而止。不能歸者。則剛日昴星。戌加亥發用。或犯天車煞也。病而不歸者。則行人行年上值病符。（詳坿錄神煞表）乘凶將。馬臨空亡也。病死在外者。則行人本命上值墓神。乘白虎。臨空絕。或犯空亡也。至於人雖未歸。而信則先至。則信神（詳坿錄神煞表）或絕神發用也。行人雖寄信。而信不到家。則信神現而空亡也。若行人無書信。而忽聞口信之傳。則須不犯謾語煞。（詳附錄神煞表）或類神作信神。或日上神不傷辰上神。始可斷爲確信。如陰虎空蛇四將。乘辰戌臨日上。其信必不實也。

第十節　占逃亡

占逃亡。須分遠近。三日以內者爲近。三日以外者爲遠。近者官子視日德。小人視支刑。例如甲子日占。日德在寅。支刑在卯。屬君子者視寅下。屬小人者視卯下。卽其逃亡之處也。遠者則舍刑德而視其類神。如子孫朋友視六合。兄弟姊妹視太陰。奴婢視天空之類。可從其類神所臨之方而求之。類神臨日。主由外人送來。臨辰。主自來。初傳作日德。或與類神作三六合者。亦主自來。類神入傳。不空亡者。可覓。課傳爲迴環格者。亦可覓。類神見而空亡。及課傳。不見類神者。均不可覓。類神乘丁神。或乘天驛二馬者。亦不可覓。類神作死神死炁墓神。又乘凶將者。其人縱來。中途有疾病不測。而終不可得也。

至於有所竊而逃者。則以盜賊論。可參觀下節。

第十一節　占盜賊

盜賊之占。專責玄武及盜神。盜神卽玄武之陰神也。當先視其可捕與不可捕。而後再論其大要。

如日辰上見魁罡。而課名斬關。或日鬼入傳而乘吉將。（龍合陰）或丁馬發用乘太陰。或玄武與盜神及盜神之陰神。（地盤盜神上之神爲盜神之陰神如盜神是子則地盤子上之神卽其陰神與其他陰神同理）皆比和相生。或盜神乘吉將。或盜神値旬空。而天地盤比和。或玄武所乘之神爲羊刃。（詳附錄神煞表）又臨卯酉。或玄武所乘之神尅日。凡此皆不可捕也。
至於可捕者。則視盜神。即知賊人所避之處。盜神是子。則賊在北方水澤之區。東有橋梁墓田。西有水畔樓臺。前有神廟。其家有婦女悲啼。盜神是丑。則賊在北方近東州邑之旁。壇廟或倉庫之內。如係曠野。則在橋梁田墓之間。盜賊是寅。則賊在東北方叢林之中。或在賣酒之家。門前有枯柳。旁有寺廟。如乘貴人。則在書吏之家。盜神是卯。則賊在東方大林或竹叢之內。旁有寺觀。及屈曲水徑。前有舟車。或在竹木舟車匠之家。盜神是辰。則賊在東方近南。隔過一重岡嶺之塚穴中。東有池塘。旁有積尸之場。或在畫工之家。盜神是巳。則賊在東南方窰冶之旁。冬有常綠樹。春有馬嘶。夏秋有蟬鳴。其家婦人主事。盜神是午。則賊在南方鐵店之旁。中有騾馬。或在巫覡之家。盜神是未。則賊在南方近西土塚之內。向東四步。或有井泉。其地有牧童歌唱。或在賣酒之家。其家牧羊奉鬼盜神是申。則賊在西南方。近則州縣城闕之所。遠則村野衝要之地。或在郵亭馬舍旁之金石匠之家。盜神是酉。則賊在西方賣酒之家。旁有倡寮。地名當有金字。或在膠漆工匠之家。盜神是戌。則賊在西北方州郡營寨之所。聚衆野處。或在奴僕兵卒之家。門前有猪犬。盜神是亥。則賊在西北方。居近水邊。內有樓臺亭閣。門前有小兒趕猪。此均從十二神之類神。消息而得。仿此細推。靡有不中矣。然必盜神之天地盤相比和。方可以此為據。若上下相尅。則賊不留此。須再視盜神之陰神也。

道里之數。則以盜神之天地盤。合而定之。休則相加。囚死則相加而折半。相則相乘。旺則相乘而倍之。例如盜神是子加亥。子數九。亥數四。旺則七十二里。相則三十六里。休則十三里。囚死則六七里也。如去失物之期已遠。則又當將各數倍之。乃至十倍之也。

欲知盜贓藏處。則視盜神所生之神。盜神屬陰。所生之神取陽。盜神屬陽。所生之神取陰。例如盜神是子。寅卯均爲其所生。而子屬陽。當舍寅而取卯也。子爲盜神。則物藏竹木之中。或舟車之內。丑未爲盜神。則物藏祠廟之內。或城闕之旁。寅爲盜神。則物藏爐竈之中。或磚瓦之下。卯爲盜神。則物藏窰冶之內。或箱櫃之中。辰戌爲盜神。則物藏倉廩之中。或碑碣之下。巳爲盜神。

則物藏廊廡石欄之下。或溝澮之中。午爲盜神。則物藏園圃之中。或牆垣之下。申爲盜神。則物藏園牆之下或坑廁之中。酉爲盜神。則物藏溝渠之內。或石灰之中。亥爲盜神。則物藏敗棺之中。或屋柱之下。此亦從十二神之類神。消息而得之者也。至於方向。則亦視盜神所生之神。如盜神是寅。寅生巳。則在東南方。盜神是申。申生亥。則在西北方也。

若欲知賊爲何等人。則視玄武所乘之神。而以其類神定之。乘寅。爲公吏。爲道士。乘卯。爲術士。爲沙門。乘辰。爲惡徒。爲軍人。乘巳。爲廚夫。爲火夫。乘午。爲旅客。爲女巫。乘未。爲寡婦。爲道人。乘申。爲公人。爲金銀匠。乘酉。爲婢女。爲酒人。乘戌。爲乞丐。爲僧道。乘亥子。爲強盜。爲積竊。乘丑。爲農夫。爲兵卒。旺相則爲少壯。休囚則爲衰老。若欲知其人數。則視盜神隔玄武之位數而定之。例如玄武乘辰臨酉。則地盤辰上之亥。卽爲盜神。自亥至辰隔六位。知爲六人也。再視盜神之旺相休囚。而或增或減。斯更精矣。

至賊之形狀。亦視玄武所乘之神。乘子。面黑身長。衣皂色。乘丑。大腹闊口。顏醜多鬚。軀幹雄偉。衣皂黃。乘寅。矮短美鬚髯。衣華美青色。乘卯。瘦小善走。衣深青。作醫人術士狀。乘辰。目大眉粗。鬚長。貌兇惡。衣黃。乘巳。瘦而長。善歌曲。乘午。身長。目斜視。乘馬。衣青色。乘未。目露頭白。身有孝服。其妻能釀酒。乘申。身長面白。少髮。有瘻病。衣白色帶黃。乘酉。軀幹粗長。面有斑點。衣白色裏黃。乘戌。顏醜黑。多鬚。衣黃色帶白。乘亥。體肥貌醜。背駝。衣襤褸。

手持雨傘。若賊不止一人。則指爲首者之狀也。
復次。欲詳捕役之勝任與否。則視末傳與勾陳所乘之神。然二者不可並視。並視則惑矣。如傳中見勾陳。則視其所乘之神。所乘之神作日德或羊刃。或尅玄武所乘之神。則勝任。若勾陳所乘之神。生玄武所乘之神。主得賄縱脫。玄武所乘之神作羊刃。而又尅勾陳所乘之神。主爲賊所害。又勾陳所乘之神。雖尅玄武所乘之神。而彼値旺相。此値休囚。則主賊太多而寡不敵衆。凡此皆當改捕。或添捕。而後可。如三傳不見勾陳。始視末傳。蓋初臟中賊末吏。本舊法也。其消息之法。與視勾陳之例相同。不過彼以玄武所乘之神爲賊。此則以中傳爲賊耳。又有制玄武之法者。如玄武乘酉。則用丁命人往捕。取火能尅酉金。而又避丙之合也。丙寄巳宮巳與酉合至於遠年大夥賊徒。不得其方向者。則向天目詳附錄神煞表所臨之方可得。又玄武臨月將。名太陽照武。宜於急捕。是又不可不知也。

此外捕盜之說尚多。然皆渺茫而不足據。故不具載。

第十二節　占詞訟

占詞訟分內外。內而與家人訟。則日為尊長。辰為卑幼。外而與他人訟。則日為原告。辰為被告。若無對頭。則以日為官。辰為己。觀日辰之吉凶尅制。而勝負自明。如日吉辰凶。指日辰上之天將而言或日上神尅辰上神。則尊長與原告勝。日凶辰吉。或辰上神尅日上神。則卑幼與被告勝。日辰上神比和。而不乘惡將。則和解可望矣。

當其投狀也。則視朱雀。如朱雀所乘之神。與天乙所乘之神。相生相合。或相比和。而初傳又生日者。狀准。反是則否。及其既准也。則視勾陳。日尅勾陳所乘之神。則訟得直。勾陳所乘之神尅日。則訟不得直。若天空臨辰。（日辰之辰）而關神（詳附錄神煞表）入傳。或墓神覆支。而又自生投墓（即初傳生日末傳墓日）者。主監禁。遇鑰神（詳附錄神煞表）即出。設鑰神値休囚之氣。臨死絕之鄉。或逢空落空。則又無效。傳遇曲直而尅日。主拘役。勾陳乘寅卯尅日。或白虎臨亥。主罰鍰。勾陳之陰神乘白虎。帶破碎等凶煞而尅日。主重罪。勾陳之陰神乘貴人。帶生炁而生日。主釋放。勾陳所乘之神尅日辰。主兩敗。勾陳所乘之神。與日辰比和。主不決。朱雀開口。（見上卷）受枉屈而難伸也。白虎仰視。（見上卷）因嫌疑而遭罪也。斗罡臨日。子孫入傳。或貴人入獄。囚禁不出也。太歲兼貴人生日。罪雖重。可望末減也。天乙臨日而順治。直者勝而屈者負也。天乙發用而尅日。宜聲請移轉管轄也。天乙值空亡。案久懸而不結也。三刑六害。凶神惡煞。疊見於日辰發用。訟必負也。玄武所乘之神。教唆鬼也。可視類神而知其爲何等人也。神后之下。避罪方也。至於決大疑重獄。而欲廉得其眞情。則以日爲我。辰爲囚。日上神尅辰上神。則囚當吐實。若天空臨辰上。則囚終忍楚不供矣。

簡括言之。凡占詞訟。所喜者。天乙青龍太常天后也。所忌者。勾陳朱雀白虎螣蛇也。課傳中見勾雀虎蛇尅日。均凶。又丁神入傳逢羊刃。亦凶。惟初傳白虎。末傳螣蛇。則雖凶而不爲禍。以其爲虎頭而蛇尾也。

第十三節 占訪謁

訪謁之占。以日爲我。辰爲彼。日辰上神。宜相生。不宜相尅。日辰上逢三六合而不空亡。訪之有益。日貴日德發用者必見。發用與所往方之神合。例如所往方是寅。發用爲亥。亥與寅爲六合。所往方是申。發用爲子。子與申爲三合。亦主必見也。此外日上見巳亥。或辰上見小吉。亦可望見。斗罡加孟。立見。加仲。須稍待而後見。加季。則決不出見矣。又當視所謁之類神。例如見文官視青龍。見武官視太常。餘類推。類神臨日辰或發用者。必見。類神落空。或不入傳者。必不見也。又課體得伏吟。或柔日昴星。亦不見之兆也。

次視日德之陰神。如甲日德在寅。地盤寅上之神。卽日德之陰神也。乘貴人。主彼極喜悅。我可進見。乘螣蛇。主彼有口舌我。當暫避。其餘可依類神而推之。若餽物而不知受否。則視日辰上神。辰上神尅日上神者受。日上神尅辰上神者不受。投書不知達否。則視朱雀。朱雀所乘之神。與貴人所乘之神相合者達。否則不達。至於有所干求。則視類神。求財物視青龍。求文書視朱雀。求酒食視太常。若所乘之神。與日相生相合。或臨日辰發用。必遂。否則不遂。此皆訪謁貴人之所宜先知者也。

第十四節　占出行

凡占出行。以日爲行人。辰爲行程。日上神旺相乘吉將。與辰上神相生或相合。天驛二馬入傳。不値空亡。臨地盤生旺德合之鄉者吉。反是則不吉。又辰上神生日及年命。大吉。日及年命尅辰上神。次之。辰上神尅日及年命。則凶矣。若日上神生年命。主戀家。行必緩。日辰上下相尅。或墓神覆日。或日上神值空亡。均主不行。中末傳逢空亡。而初傳不空者。主行至中道而回。初末傳逢空亡。而末傳生日者。主近方不利遠方利。

論水陸。則以日爲陸。辰爲水。日上神乘吉將。與日生合者。宜陸。辰上神乘吉將。與辰生合者。宜水。日上神乘玄武刼煞。尅年命。陸路須防盜賊。乘白虎尅年命。主途中抱病。日上神乘凶將。辰上神乘吉將。當急往他鄉。反是則宜安居。不利攸往。

大抵出行。最忌羅網關格。俱主阻塞不通。羅即天羅。網即地網。(見第三卷天網課)關格則子加卯午加酉(見本卷第六節)是已。又天車天坑(詳附錄神煞表)等煞。臨日辰年命而尅害者。亦凶。所喜者。驛馬與丁神也。然亦不宜尅害日干。

占投宿。以日爲行人。辰爲旅舍。日辰上神生合比和乘吉將者吉。若辰上神尅日上神。或辰上神乘蛇虎勾玄者。均不可宿。

占渡江。則視登明。加孟。有大風。加仲。有小風。加季。則無風。

占迷路。則視天罡。加孟。路在左。加仲。路在前。加季。路在右。

占家中安否。則視發用。乘貴常龍合陰。家內平安。乘雀。有口舌。乘蛇。有驚恐。或火燭。乘勾。有爭訟。乘虎。有災病。乘玄。有盜失。

占來人之善惡。則視神后。加孟善良。加仲商賈。加季奸惡。如人自船上來者。則視天罡。加孟吏人。加仲商賈。加季奸惡。凡此皆占出行而附及者也。

第十五節　占墳墓

占墳墓。以日爲生人。辰爲亡人與墓。辰生日。或辰上神生日者吉。辰尅日。或辰上神尅日者凶。發用生日者吉。日生發用者凶。凡已葬之地。宜安穩不宜刑害。未葬之地。宜生旺不宜破敗。以亥爲天柱。寅爲青龍。申爲白虎。子爲水。以玄武所乘之神爲主山。所對之神爲案山。課傳中並見。則數者俱全。課傳中有缺。則數者不全。其吉凶則視其上神而定之。例如寅是青龍。亥加之則相生爲吉。酉加之。則相尅爲凶。次以青龍爲主。以日鬼之墓爲墓。青龍與墓。生合而無刑尅者爲吉。反是則凶。再視日辰課傳。定其所蔭。貴人順治。傳見四孟者。蔭長。貴人逆治。傳見四仲者。蔭次。日辰上見四季者。蔭末。視辰上所乘之神。定其所應。乘丁馬。主遷移不定。乘蛇雀空亡大煞飛廉破碎天鬼。(詳坿錄神煞表)主怪異蕩覆。乘六合玄武作支鬼。主門戶不潔。若乘吉將旺相生炁。上下不相尅害。則人鬼咸安。富貴雙全。大吉。

復次。以五行發用。定葬後吉凶。木神發用。旺相乘吉將。子孫寬容仁惠。爲州縣之官。休囚乘凶將。子孫剛愎固執。爲竹木之匠。火神發用。旺相乘吉將。子孫亢爽信實。爲文學之士。休囚乘凶將。子孫奸詐浮滑。爲爐冶之工。土神發用。旺相乘吉將。子孫敦厚忠良。爲富家之翁。休囚乘凶將。子孫頑愚遲鈍。爲田舍之子。金神發用。旺相乘吉將。子孫剛強堅毅。爲統兵之將。休囚乘凶將。子孫兇惡殘暴。爲屠狗之夫。水神發用。旺相乘吉將。子孫聰慧智巧。爲發明之家。休囚乘凶將。子孫遊蕩輕浮。爲破落之戶。此僅舉其大體。再以類神推之。斯更精矣。

至於葬後之代數。則初傳爲第一代。中傳爲第二代。末傳爲第三代。俱以其所乘之神煞。定其吉凶。若遇空亡。而無生氣。無救神。卽斷其某代欲敗絕。宜改遷別處。方可挽救也。

若欲知墓下有何物。則視課傳五行之所勝者而決之。金勝。下有骸骨瓦石銅鐵等物。木勝。下有棺槨。水勝。下有湧泉。火勝。下有破石孔穴。惟土勝。則下無雜物。平坦安穩。至吉之穴也。

第十六節　占失物

失物之占。以日爲自己。辰爲他人。所失之物。則視類神。凡類神入課傳。而不乘玄武。不落空亡者。當於類神所臨之地尋之。例如所失之物爲金銀。金銀之類神爲酉。若酉加子上。當於房內尋之。蓋子爲房也。類神不見。或見而乘玄武者。主爲人盜去。玄武臨卯辰巳午未申。則白日盜去也。臨酉戌亥子丑寅。則夜間盜去也。類神見而落空亡者。則遺失不獲。若辰上神乘天空。而不見玄武者。家人隱藏也。日上神乘太陰。隱藏之人。不密而可尋也。太陰六合。與類神作三六合。亦可尋。類神作長生。或入墓。雖失必得也。類神臨日辰本命。或墓神發用。物未失也。貴人順行。玄武不見。自己遺失也。若疑家人爲盜。而不知其爲誰。則玄武所臨之神。卽其人之行年也。若失物爲賊所盜。而不知其爲何等人。則視玄武所乘之神而定。屬陽爲男。屬陰爲女。旺相爲少壯。休囚爲衰老。至欲知盜之獲否。則玄武所乘之神。爲日上神所尅者。必獲。爲年上神所尅者。亦可獲。若爲太歲所尅。主年內獲。爲月建所尅。主月內獲。是數者均無。則不可獲矣。

就課體論。則知一鄰人取。見機家內尋。伏吟盜未出門。龍戰家人寄鄰。贅壻可見。斬關難覓。亦當參考也。

第十七節　占交易

占交易。大概以日爲人。辰爲物。而買物則以辰爲我。日爲人。發用爲物。賣物則以日爲我。辰爲人。發用爲物。日辰上神相生。買賣可成。辰上神乘吉將。則物貴而宜於賣。辰上神乘凶將。則物賤而宜於買。日財旺相。物雖濫而必售。日財乘青龍。物雖珍而必獲。日上辰生日。辰上神尅辰。售雖速而利少。日上神尅日。辰上神生辰。售雖遲而利厚。類神乘螣蛇。而帶囚死。價雖賤而難脫。類神入傳。日辰相生乘吉將。三傳均旺相。或見成神。則可居奇而待價。若類神不入傳。或入傳而逢空入墓。休囚無氣。日辰相刑害。則交易難望成就。財爻不宜太多太旺。尤忌空絕。兄弟爻不宜多見。以其爲刼財也。至於交易之處。則視青龍與驛馬長生所臨之方而往。可卜利市三倍矣。

第十八節　占奴婢

凡占奴婢。以日爲主人。辰爲奴婢。戌爲奴之類神。酉爲婢之類神。類神入傳。乘吉將。及辰上神生日上神者。主奴忠婢良。類神入傳。乘凶將。及辰上神尅日上神者。主奴奸婢惡。類神乘玄武。主走失。乘丁馬月厭飛廉。主逃亡。其訪尋之法。大略與占盜賊同。如傳中不見酉戌。則視天空。蓋天空亦奴婢之類神也。天空所乘之神。若與日相生相合。則吉。否則不吉。所乘之神爲魁罡。必非良善。如天空又不入傳。可視地盤酉戌上之神而論斷之。

第十九節　占豐歉

占歲之豐歉。以太歲爲主。日上發用。與太歲生合比和者吉。與太歲刑冲破害者凶。三傳中與太歲相生相合者爲木神。其年木材菓實賤。爲火神。其年布帛繭絲賤。爲土神。其年五穀賤。爲金神。其年五金賤。爲水神。其年海鮮賤。此僅舉大要。可再以類神細參之。三傳中與太歲相刑或相尅者爲木神。其年多風。爲土神。其年多陰晦瘟疫。爲金神。其年多盜賊刀兵。爲水神。其年多雨而潦。爲火神。其年多晴而旱。所喜者。靑龍乘寅太常乘酉入傳也。所忌者。太歲落空亡。空亡加太歲。蛇虎所乘之神。尅太歲上之神。天罡乘凶將加太歲上也。若欲知何方爲最豐稔。則歲祿（即歲干之祿）所臨之處是矣。

第二十節　占田蠶

占田。以日爲人。辰爲田。日辰上下旺相相生。日財臨家長行年上。則豐登十分。若日財入傳。而家長行年上神不乘吉將。減半。又辰生日。或辰上神生日上神。十分。日生辰。或日上神生辰上神。減半。辰上神若見空亡破碎死炁飛廉天地轉煞。詳附錄神煞表是所大忌。縱遇靑龍六合吉將。所收亦薄矣。

欲知何種農產物。收成最佳。則視發用。水神爲稻。木神爲瓜果。火神爲棉及雜糧。土神爲蔴。金神爲麥。欲知何田爲今歲所宜。則視課傳日辰。伏吟宜近田。返吟宜遠田。辰上神見卯辰巳午未申宜高田。見酉戌亥子丑寅宜低田。傳中財神旺相。高低咸宜。日上兩課發用。宜早種。辰上兩課發用。宜晚種。

辰巳未戌爲蟲神。傳中見之。主蟲傷。如家長行年上神能制之。則無妨。

占蠶。以日爲飼蠶婦。辰爲蠶。日辰上下旺相相生。日財臨家長行年上。則收成十分。若傳中見財。而家長行年上不乘吉將。減半。又辰生日。或辰上神生日上神。十分。日生辰。或日上神生辰上神。減半。辰上神若見空亡破碎大小耗瘟煞天鼠。（詳附錄神煞表）是所大忌。縱遇青龍六合吉將。所收亦薄矣。蠶亦有年命。年則亥子丑年居申。寅卯辰年居亥。巳午未年居寅。申酉戌年居巳。命則常在午也。年上神生命上神者吉。尅命上神者凶。最忌者。年命落空也。又未爲桑葉。乘虎蛇勾雀陰。臨子。主葉貴。午加之。葉賤。占蠶之大要。具於是矣。

第二十一節　占六畜

占六畜。以日爲主人。辰爲畜。辰上神生日。畜易長成。日上神生辰。人多勞苦。辰上神尅日。不利於人。日上神尅辰。不利於畜。傳中財神旺相則吉。休囚則凶。辰上神刑日。帶破碎煞。亦有妨於主人。乘凶將。尤驗。乘螣蛇。主驚恐。乘勾陳。主爭訟。乘朱雀。主口舌。乘白虎。主死亡。乘天空。主虛耗。乘玄武。主盜賊。次視類神。丑爲牛。寅爲貓。卯爲驢騾。辰爲魚。午爲馬。未爲羊。酉爲鷄。亦爲鵝鴨。戌爲狗。亥爲猪。喜臨生旺之鄉。忌臨刑尅之地。所乘天將。亦須兼視。最忌者爲白虎玄武。因白虎主病死。玄武主走失也。又子爲屠戶。巳爲竈。寅爲脯。酉爲刀。卯爲砧。若課傳中數者並見。又帶血支血忌死炁死神。必爲人所屠宰也。至於走失。則類神所臨之方。卽爲畜之所在。上下相生則吉。若爲下神所尅制。必被拘繫。類神如臨日辰。畜當自歸也。

第二十二節　占狩獵

占狩獵。以日爲人。辰爲物。日爲網罟弓矢。辰爲鳥獸。日上神尅辰得。辰上神尅日不得。辰上神生日上神得。日上神生辰上神不得。辰上神休囚死絕。帶死炁刀砧破碎血支血忌得。辰上神旺相長生。帶生炁日德日祿不得。欲知所得何物。則視發用之類神。子爲鼠類。丑爲山牛類。寅爲虎豹。卯爲兔鹿狐貉。辰爲蛟龍。巳爲飛鳥蛇虺。午爲馬獐。未爲山羊。申爲猿猴。酉爲雉類。戌爲山狗。亥爲野猪。課體得伏吟。或非伏吟而類神臨亥子。均主無所獲。類神値空亡。捕之宜速。緩則遁矣。

第二十三節　占怪異

見所不常見。聞所不常聞。則爲怪異。於見聞疑似之間。定式視之。如螣蛇入傳。日辰上見直符大煞月厭。斯爲眞怪。欲知其爲何怪。則視神后下神所屬之類神。再參以螣蛇之陰神。如陰神旺相乘生氣。則爲活物。陰神休囚乘死氣。則爲死物。怪異既明。占人年命上神。若乘惡將凶煞。必見凶禍。宜設法禳之。

若見暴風起於庭內而占者。則視其方向。自天乙上來。主貴人出遊。自螣蛇上來。主火燭驚憂。自朱雀上來。主口舌官訟。自六合上來。主小口不安。自勾陳上來。主惡人嫁禍。自青龍上來。主有人徵召。自天空上來。主奴婢逃亡。自白虎上來。主疾病喪弔。自太常上來。主酒食得禍。自玄武上來。主盜賊將至。自太陰上來。主奸私事起。自天后上來。主婦女有災。再視日上神所乘之天將何如。吉凶禍福。隨方向而消息之。

見井泉自溢而占者。則視日上神。如乘吉將。主暴富身榮。若天乙青龍臨日辰而相生。主生貴子。日上神乘凶將。主離居。

見樹木自枯而占者。則視年上神與日上神。年上與日上俱乘吉將者。無妨。乘凶將者。主災病。或主分居。若乘玄武。須防盜賊。

見什物自動而占者。則視日辰。日辰上神乘吉將而旺相。主財喜加官。乘凶將而囚死。主遷徙疾病。

見鳥糞汙衣而占者。則視天罡。加孟。主口舌。加仲。主失財。加季。反主得財。若日辰上神均乘凶將惡煞。則主喪服。

見蟠蛇當道而占者。則視日上。如日上神能制螣蛇。則吉。爲螣蛇所制。則凶。日上神乘天乙青龍天后。主喜慶。乘太常。主酒食。乘勾陳。主門訟。乘白虎。主橫屍道上。乘朱雀。主火燭是非。乘其他諸將。無甚休咎可言。倘見蛇交者。視天罡加孟。主去位。加仲。主同姓婦人災。加季。吉。如在水火交界處。主口舌。

見大鼠往來而占者。則視日上及發用。太陰臨日。主有暗算。發用乘玄武。主有盜賊。其餘可依其類神而斷之。聞其異聲者。視年上及日上。乘吉將。主財喜。乘凶將。主火盜。

見螻蟻羣聚而占者。則視其聚處。聚門戶者。主盜賊驚危。聚井竈及牀者。主濕病沉痾。聚中庭者。主家散人稀。聚棟梁者。主火光將動。聚刀砧上者。主血災。聚箱櫃中者。主囚禁。聚衣巾者。主死喪。聚舟車者。主盜賊。若年命上及日上均乘吉將。則無事。

聞甑釜鳴而占者。則視年上及日上。乘天乙青龍。主貴人入宅。乘勾虎蛇玄。主宅舍不安。遷徙爲妙。

第二十四節　占射覆

射覆爲六壬中之一種游戲。精乎其術。百發百中。劉青田之燒餅歌。其開端二句。半似日兮半似月。却被金龍咬一缺。以射明太祖咬去一角之燒餅。其最著之例也。關於射覆之書。已多散佚。僅存苗公鬼撮脚一書。亦魯魚亥豕。不能卒讀。今就其可解者略述之。

射覆之法。剛日視日上神。柔日視辰上神。而以發用參決之。中末二傳。可棄而不用也。

（一）占物之有無　日辰上（剛日視日上　柔日視辰上）或發用値空亡。或乘天空則。主無物。餘均有物也。

(二)占物之生死　空發用旺相。或爲生炁。或爲日之長生者。爲生物。發用囚死。或爲死炁。或爲日之刑墓者。爲死物。如係生物。則乘朱雀爲鳥類。乘白虎爲獸類。乘玄武爲鱗介類。乘青龍螣蛇爲爬行動物類。

(三)占物之品質　木神發用。旺相爲木器。死囚則爲花果。爲布帛。金神發用。旺相爲金屬。死囚則爲石。爲玻璃。土神發用。旺相爲磚瓦。死囚則爲灰。爲塵。火神發用。旺相爲毛羽。死囚則爲炭。爲烟。水神發用。旺相爲流質。死囚則爲冰。爲膠。

(四)占物之新舊　發用旺相者。其物新。發用死囚者。其物舊。

(五)占物之形狀　發用爲孟神者。其形帶圓。爲仲神者。其形帶方。爲季神者。其形尖銳。又發用爲旺氣。其形圓。爲相氣。其形方。爲死氣。其形長。爲囚氣。其形細碎。爲休氣。則爲畸形不完。

(六)占物之顏色　木爲青色。火爲紅色。土爲黃色。金爲白色。水爲黑色。旺則用本色。相則用我生者之色。死則用我尅者之色。囚則用尅我者之色。休則用生我者之色。例如木神發用。旺氣爲青色。相氣爲紅色。死氣爲黃色。囚氣爲白色。休氣爲黑色。餘類推。坿表如左。

五行別 \ 氣別	旺	相	死	囚	休
木	青	紅	黃	白	黑
火	紅	黃	白	黑	青

土	黃	白	黑	青	紅
金	白	黑	青	紅	黃
水	黑	青	紅	黃	白

（七）占物之可食不可食　日辰上神（剛日視日 柔日視辰）與發用相生。或乘吉將。其物可食。反是則不可食。若占得昴星別責八專課體。亦主不可食。如係可食。當再審其味。發用為木神。味酸。為火神。味苦。為土神。味甘。為金神。味辛。為水神。味鹹。一說。發用加孟。味酸。加仲。味鹹。如季。味甘美。

（八）占物之多寡　以發用及所加地盤之神。合併而計之。休則相加。死囚則相加而減半。相則相乘。旺則相乘而倍之。例如巳加酉發用。巳數四。酉數六。休則四加六爲十。死囚則減半爲五。相則相乘爲二十四。旺則倍之爲四十八也如以爲過少。可將各數十倍之。乃至百倍之。臨時活用。不必拘泥也。

按十二辰相加之數有限。不能駕馭一切之數。右說實欠圓滿。似當臨時消息而變通之。

右方所述。略具大概。簡約言之。則悉從類神推闡而得。此外學說尚多。大都穿鑿坿會。支離滅裂。不足爲據。故概從屏棄。

壬學大成 六壬鑰 卷六

虞山蔣問完著

斷法篇下　行軍專論

兵法云。知彼知己。百戰百勝。知己尚易。知彼則難。古之名將。於六韜三略之外。靡不兼習六壬。以爲行軍之助。其重要可知。故特另立一篇。分爲十五節。詳細論列。以別於普通人事。近代戰術。雖有變更。然天不變。道亦不變。古說所流傳。未必完全無用。變而通之。神而明之。是在學者矣。

第一節　占用兵

兵凶戰危。古有明訓。然有時內亂竊發。有時外患迭乘。爲保國衞民計。兵又不可不用也。當未有朕兆之前。而欲知其動靜。則可向壬式中求之。大煞與金神（即破碎詳附錄神煞表）相會。爲兵象。所臨之方。逢德合旺相。猶可解免。若見刑冲破害。則必大動干戈。不能弭患於無形矣。其用兵之處。以所臨之分野定之。（例如臨子爲齊分青州臨丑爲吳分揚州詳第四卷論十二神節）大煞與金神不相遇。則天下無事。兵氣銷爲日月光矣。

第二節　占選將

用兵須先選將。將得其人。則專閫可託。將不得其人。則前途至險。成敗之所關。可不愼之又愼哉。選將有二法。一視將星。（詳坿錄歲神煞表中惟歲支須易爲日支即子日在子丑月在酉寅日在午餘類推）旺相者爲強將。休囚者爲懦將。一視太常。與日貴日德相會。且生太歲或日干者。爲忠勇之將。與羊刃白虎相會。且尅太歲或日干者。爲反側之將。二法兼參。無遺蘊矣。

至於將之品性。可以發用或合局（即三傳為三合也）定之。木神發用。或得木局。（即曲直格）性仁慈。待下有恩。金神發用。或得金局。（即從革格）性殘忍。好殺戮。水神發用。或得水局。（即潤下格）性聰慧。柔中有剛。若乘玄武六合。則主好色。火神發用。或得火局。（即炎上格）性燥烈而剛愎自用。土神發用。或得土局。（即稼穡格）性敦厚而不輕舉妄動。或以將星所乘之神決之。亦頗近理也。

占選將練兵。以日為將。辰為士卒。日辰上神生合比和。主將士一心。日辰上神刑冲尅害。主將士二志。日上乘白虎病符。主將多病。辰上乘白虎病符。士卒多病。餘可依神將之性質而分別推之。此亦選將時所宜兼及者也。

第三節　占出師

出師須擇日。藉以趨吉避凶。其法以天罡加於月建之上。順布成天地盤。視天盤上申酉亥子寅五神所加之處。爲最吉之日。例如四月中占。以天罡辰加於月建巳上。順布。則申下爲酉。酉下爲戌。亥下爲子。子下爲丑。寅下爲卯。卽酉戌子丑卯五日。利於出師。蓋卽定執危成開五日也。最忌者爲建破平收四日。每月中以月建日爲建。後一爲除。後二爲滿。後三爲平。後四爲定。後五爲執。後六爲破。後七爲危。後八爲成。後九爲收。後十爲開。後十一爲閉。例如二月中月建在卯則卯日爲建。辰日爲除。巳日爲滿。午日爲平。未日爲定。申日爲執。酉日爲破。戌日爲危。亥日爲成。子日爲收。丑日爲開。寅日爲閉。

關於出師之忌日甚多。臚舉如左。

（一）絕氣日　正月初六。二月初七。三月初八。四月初九。五月初十。六月十一。七月十二。八月十三。九月十四。十月十五。十一月十六。十二月十七。謂之天乙絕氣日。

(二)章光日　孟月乙丑日。仲月丙寅日。季月甲子日。謂之章光日。

(三)四絕日　立春立夏立秋立冬之前一日。謂之四絕日。

(四)六窮日　每月初九十九二十八三日。謂之六窮日。

(五)九醜日　戊子戊午壬子壬午乙卯乙酉己卯己酉辛卯辛酉。凡十日。謂之九醜日。

(六)五帝日　正月五月九月中之卯日。二月六月十月中之午日。三月七月十一月中之酉日。四月八月十二月中之子日。謂之五帝日。

（七）空亡日　卽旬空。甲子旬中。戌亥爲空亡。甲寅旬中。子丑爲空亡。餘類推。

此外月厭受死飛廉往亡大煞等日。均詳附錄神煞表亦忌出師。至論出師之時。則以日干所生者爲吉。尅日干者爲凶。例如甲乙日出師。喜用巳午時。忌用申酉時。餘類推。

右方所列。均係死法。禁忌太多。似亦不可盡信。蓋用兵貴神速。若多所顧忌。或將坐失機宜。惟發用値空亡。或所選之日。臨空絕之鄉。乘兇惡之將。如白虎玄武等則爲不吉之兆。以避之爲是。

出師時日既定。次論出發之方向。斗罡所指之地最吉。玄武受尅之方最凶。例如甲子日午時巳將占。天罡加巳。玄武乘戌。則最宜向東南行。不宜向正東或東北行。以正東屬卯。東北屬寅。

均魁玄武所乘之神。東南屬巳。爲天罡所指之地也。

又法。陽年以大吉加太歲。陰年以小吉加太歲。佈成天地盤。天盤寅申巳亥所指之地。爲行進最吉之方向。例如甲午年。太歲在午。甲爲陽干。以大吉丑加午上。順佈。天盤寅申巳亥。落於地盤未戌丑辰上。則未戌丑辰四處均利。丁丑年。太歲在丑。丁爲陰干。以小吉未加丑上。順佈。天盤寅申巳亥。落於地盤申亥寅巳上。則申亥寅巳四處均利。其他方向。均不甚吉也。此亦係死法。與擇日同一不足信。因其爲古說。故並存之。

至論師行宜陸抑宜水。則視日辰。日爲陸。辰爲水。日上神生日乘吉將者。宜陸行。辰上神生辰乘吉將者。宜水行。占陸行者。日上忌見卯辰及日鬼。占水行者。辰上忌見子（一說卯上忌見子）及支鬼。

若占渡河。忌太歲上見神后。又忌天盤亥子丑落於地盤卯酉辰上。蓋亥子丑爲三河。卯酉辰爲三井。亥子丑三字中。有一字落於卯酉辰上。卽謂之河覆井。主有覆舟之凶。丙子癸丑癸未三日。名水龍日。亦不宜渡。若見亥加四季神上。則水被土制。可安穩渡河。加四仲或四孟。卽稽留難渡矣。

第四節 占安營

安營忌三刑五墓。三刑者。卯辰巳也。非朋刑互刑自刑之三刑也。五墓者。春未夏戌秋丑冬辰也。亦非五行墓也。安營遇三刑五墓在日辰上。主士卒不寧。或當夜有敵兵來刼營。宜加以防備。又辰爲天羅。戌爲地綱。日辰上逢之。爲投入羅綱之象。尤凶。若乘蛇虎凶將。爲禍更烈。日辰上或發用見丑字。則決不可留。

急宜避去。壬家占安營。以丑爲最凶之神。也安營既畢。如附近無水。則向天盤卯未之下覔之。必可得水。蓋地卯爲天漢之。源又名天。河故其下有。河未爲井宿之。宮又名井。故其下有泉也。至於安頓糧草。以天盤丑未下爲最吉。玄武與賊神盜神所臨之處。均宜力避也。

第五節　占偵敵

偵察敵兵所在。宜從天目下求之。天目者。春辰夏未秋戌冬丑也。例如春占。天目在辰。天盤辰下爲亥。則賊在西北方。辰下爲巳。則賊在西南方也。課體得伏吟。距敵尚遠。得返吟。距敵已近。蓋伏吟課。十二神各居本位。兵尙未動。返吟課則神已離位。互相對峙。有一觸卽發之象也。或謂伏吟近而返吟遠。於理實有未合。至占敵之來方。則以發用定之。發用爲午。從南方來。發用爲卯。從東方來。發用爲亥。從西北方來。餘可類推。或從天盤遊都（詳附錄神煞表）下求之。尤確。

途中疑前後左右有賊來襲。而未知其在何方。則視大吉。天盤大吉加子午。賊在卯方。大吉加辰戌。賊在亥方。大吉加寅申。賊在申方。大吉加丑未。賊在巳方。大吉加卯酉。賊在酉方。大吉加巳亥。賊在丑方。若賊所在之方。適値旺相。其鋒不可當。急宜移師避之。

既知敵之所在。而欲偵察其動靜。則須向天盤天耳地目所臨之方而往。天耳者。春戌夏丑秋辰冬未也。地目者。卯酉也。太陰白虎所臨之方。決不宜往。以太陰爲陰私蔽匿之神。白虎爲恃兇截路之煞故也。又課體遇閉口。則不得要領而歸。
既得敵之消息。而欲知其來襲與否。則視遊都。遊都臨日支。賊當日至。臨日支前一位。賊後一日至。臨日支前二位。賊後二日至、臨日支前三位。賊後三日至。若出三位。則視天乙。一如視遊都之法。如天乙所臨之處。又出日支前三位之外。則賊已改道他往。不復來襲矣。又遊都臨孟。信息不實。臨仲。賊在半途。臨季。賊立至。天罡加孟仲季亦然。宜兼看。遊都臨日辰。旺相而又尅日辰。賊勢甚盛。難以固守。乘蛇虎惡將。尤凶。若囚死而不克日辰。賊雖來。不足畏。或竟中道而遁也。遊都臨旺相之鄉。爲賊來攻城之象。得勾陳尅制之。賊兵必大敗。遊都所臨之處。上下相生。主賊兵不戰而降。設爲下神所尅。則勝敵之劵可操矣。又日辰上見子辰巳未。主賊來卽去。不須防備也。

既知賊之來襲。而欲知賊兵之強弱狀況。則視地盤來方上之神。例如賊從東南方來。則視巳上神。從西北方來。則視亥上神。今列表如左。

來方上神	賊兵狀況
子	來兵身手趫捷
丑	來兵步伐整齊
寅	來兵持精械
卯	來兵乘軍車
辰	來兵旌旗招展軍容甚盛
巳	來兵機械變詐陣勢屢更

午　來兵乘壯馬
未　來兵挾利器
申　來兵勇猛善戰
酉　來兵詭譎多謀
戌　來兵殘暴無人道
亥　來兵英勇精兵機

右方所述。實已不適於用。今就十二神之性質以己意擬定如左。以待行軍者之實驗。

來方上神	來兵狀況
子	先鋒隊別働隊便衣軍
丑	步隊

寅　敢死隊奮勇隊
卯　鐵甲車隊
辰　飛機隊
巳　重炮隊
午　馬隊
未　機關槍隊迫擊砲隊輜重隊
申　精銳之軍隊輸送隊通信隊
酉　詐降軍隊
戌　土匪式軍隊
亥　水上陸戰隊

至欲知賊兵之多寡。有覘遊都者。有視日干者。有視眞時者。大抵遊都離日近。則視遊都。遊都離日遠。則視日干。日干上值空亡。則視眞時。其數以天地盤之神。合併而計之。休則相加。死囚則相加而折半。相則相乘。旺則相乘而倍之。若嫌其數過少。可以十進百進。乃至千進也。例如春占。遊都乘丑臨酉。丑數八。酉數六。丑土死於春。八加六得十四。折半爲七。十進之爲七十。百進之爲七百。千進之爲七千也。餘類推。又日上見亥子。賊兵多。辰上見亥子。賊兵寡。亦頗應驗也。

第六節　占應戰

兩軍對峙。勢必出於一戰。欲知今日戰否。則視勾陳。勾陳所乘之神。與所臨之鄉。上下相刑或相尅。主必戰。刑尅日辰亦然。若無刑尅。則仍各守陣地而不戰也。又大吉小吉加日辰上。亦主不戰。

欲知戰守之孰吉。則視天罡。天罡加孟神上。不利於戰。宜堅守營壘。加仲神上亦然。若加季神上。則宜出兵急攻。

不戰則已。戰則須先知主客之勝負。陳兵原野。兩軍相持。以先動者爲客。後動者爲主。而壬式則以日爲客。辰爲主。與普通占法不同。以干在上爲外。支在下爲內故也。利於客。宜先動。利於主。宜後動。此亦臨時應變之道也。

勝負之占。有取決於日辰者。有取決於發用者。有取決於三傳者。有取決於課體者。有取決於勾陳者。有取決於主將年命者。大抵日辰發用。最爲重要。其他皆枝葉耳。

就日辰論。則辰上神尅日者。主勝。日上神尅辰者。客勝。日陽爲客大將。日陰爲客參將。辰陽爲主大將。辰陰爲主參將。日陽辰陽即日上神辰上神日陰即第二課之上一字辰陰即第四課之上一字主將尅客將者。主勝。客將尅主將者。客勝。戰雄臨日。客勝。臨辰。主勝。戰雌臨日。客敗。臨辰。主敗。戰雄戰雌詳坿錄神煞表日上神乘凶將。辰上神乘吉將。主利。辰上神乘凶將。日上神乘吉將。客利。日辰上神均乘凶將。主客均凶。日辰上神均乘吉將。主客均吉。

就發用論。則貴人發用。出兵大捷。闢地千里。敵人慴服。螣蛇發用。一軍驚惶。上下相尅。士卒死傷。朱雀發用。士卒驚恐。無端自擾。全軍譟動。六合發用。戰勝可卜。俘獲無算。子女玉帛。勾陳發用。士卒戰死。全軍覆沒。不留一矢。青龍發用。敵勢不支。乘勝追擊。奪獲軍需。天后發用。不戰自敗。士無鬬志。臨陣潰散。太陰發用。心虛膽怯。將令不行。鼓三而竭。玄武發用。出兵不利。士卒逃亡。一敗塗地。太常發用。士飽馬騰。鼓勇前進。大勝敵人。白虎發用。凶不可當。流行疫癘。士卒死亡。天空發用。敵兵有詐。冒昧交鋒。一定失利。約言之。則貴人六合青龍太常四將吉。其他諸將均凶也。

就三傳言。則初傳爲客。末傳爲主。初傳尅末傳者。客勝。末傳尅初傳者。主勝。我去侵敵。宜初傳尅末傳。敵來侵我。宜末傳尅初傳。亦主客之分使然也。初傳又爲士卒。初傳值空亡。主士卒逃亡失散。

就課體論。則遇天獄天寇九醜天煩地煩天網天禍炎上從革等課。均不宜戰。總之課體吉者宜戰。課體凶者不宜戰。今更就基本之十式。舉其要如左。

(一)元首　利先動不利後動。利客不利主。

(二)重審　利後動不利先動。利主不利客。

(三)知一　利和不利戰。

(四)涉害　當審機察微而動。不宜鹵莽應戰。

(五)遙尅　雖凶無畏。嵩矢利主。彈射利客。

(六)昴星　剛日利動。但忌關梁阻隔。柔日利伏。若勉強出戰。敵亦潛伏不應。

(七)伏吟　剛日主欲行又止。柔日主潛伏不動。雙方休戰之象也。

(八)返吟　戰事有變化。最宜審愼進兵。

（九）八專　遇敵必戰。宜向正面進攻。

（十）別責　士卒怯戰。須賴外援。

就勾陳論。則以勾陳爲主將。玄武爲客將。勾陳所乘之神。尅玄武所乘之神者。主勝。玄武所乘之神。尅勾陳所乘之神者。客勝。勾陳所乘之神旺相。玄武所乘之神休囚者。主勝。勾陳所乘之神休囚。玄武所乘之神旺相者。客勝。勾陳所臨之方。爲敵兵所居之處。若爲貴人所乘之神尅制。敵必大敗而降。又勾陳所乘之神。能制遊都。亦一戰而勝之象也。

就主將年命論。則主將年命上神。能制玄武所乘之神者。必勝。年命爲日鬼。日辰上（主視辰上　客視日上）見子孫爻。可解。忌見財爻。以子孫爻能制鬼。財爻能生鬼故也。如年命非日鬼。日辰上見子孫爻。爲脫神。反凶。又將星乘子孫爻。尅玄武遊都所乘之神。定可大勝敵人。

若與異種人交戰。則當以刑德推勝負。德者。日德也。刑者。支刑也。（即刑日支之字）德尅刑者。我方勝。刑尅德者。彼方勝。如以三傳言。則初傳爲我軍。末傳爲敵軍。亦與前論相反。初傳尅末傳者。我方勝。末傳尅初傳者。彼方勝。三傳遞相尅。雙方互有死亡。初傳囚死。末傳旺相。宜按兵不動。初傳旺相。末傳囚死。則可直搗賊巢矣。

大將取勝。須知背孤擊虛之法。孤虛有二義。空亡爲孤。孤之對冲爲虛。如甲子旬中。以戌亥爲孤。辰巳爲虛。此一說也。支後一辰爲孤。孤之對冲爲虛。如子以亥爲孤。巳爲虛。此又一說也。壬式中採用後說。年月日時。均有孤虛。萬人以上用年孤虛。千人以上用月孤虛。百人以上用日孤虛。十人以上用時孤虛。此外尚有背雄擊雌。背生擊死。背罡擊魁。背建擊破。背旺擊死。背相擊囚等法。背雄擊雌者。背戰雄而擊戰雌也。背生擊死者。背生炁而擊死炁也。背罡擊魁者。背天罡而擊河魁也。背建擊破者。背月建而擊月破也。背旺擊死者。背旺氣而擊死氣也。背相擊囚者。背相氣而擊囚氣也。凡此皆爲將者所當知。以便臨時應變也。

兵法云。虛者實之。實者虛之。敵陣虛。我以實擊之。敵陣實。我以虛敵應之。以奇來。我因其奇而擊之以正。敵以正來。我破其正而擊之以奇。又敵軍遠來。則彼勞我逸。宜急攻。敵軍不多。則我衆彼寡。宜合圍。敵居下流。宜決水以困之。敵在上風。宜放火以攻之。此雖於壬式無關。軍事家亦不可不知。故坿及之。

主客既定。勝負既明。則宜觀敵軍之陣勢。以定應戰之方。敵陣作圓形。宜排尖陣以破之。以圓形屬金。尖形屬火。取火能尅金之義也。敵陣作方形。宜排長陣以破之。以方形屬土。長形屬木。取木能尅土之義也。此說實穿鑿不足信姑存之

一戰而勝。而欲知敵兵之遁否。則視天罡。在孟神上。未去。在仲神上。將發。在季神上。已遠遁矣。又大吉所臨之處。在日干前者。敵已退去。在日干上或在日干後者。敵尚滯留。有整軍再戰之意。亦宜兼參也。

第七節　占追敵

兵法有窮寇勿追之說。則寇之不窮者。固不可不追也。偵敵至視遊都。察敵歸視魯都。魯都臨辰。敵尚在近處。臨日。去亦未遠。不臨日辰。則敵已遠遁矣。魯都臨空亡之鄉。或在太陰之下。敵蹤不易尋覓。若在魁罡之下。則爲投入網羅之象。宜急分兵向刑尅魯都之方追之。又魯都生勾陳所乘之神。則追者必得賄而縱敵。

追敵時。中途慮中敵伏。則視日辰。日辰上見巳申子卯者有伏。否則無伏。巳申子卯旺相。且刑害日辰者。必戰。巳申子卯休囚或空亡者。無妨。尅日。伏在前。尅辰。伏在後。日辰均被尅。前後均有伏。又法。天罡加孟神上。伏在前。加仲神上。伏在左右。加季神上。伏在後。若天罡加日辰。必有惡人躡我蹤跡。宜速去之。又午加日。賊從大路來邀截。午加辰。賊從小路來邀截。亦當參看也。

一說亥子加日賊居大路亥子加辰賊居小路待考

第八節　占設伏

出奇制勝。必須設伏。天盤神后大吉之下。可藏萬人。太衝之下。可藏千人。從魁之下。可藏百人。又法。凡欲設伏及避害者。須從天盤大吉方出。至小吉方而止。轉向傳送方立定。再轉向太衝方潛伏。敵雖強。莫奈我何矣。此則含有踏罡步斗之意。蓋壬家言而雜以道家言者也。又登明太乙太歲月建大將軍之下。亦可埋伏。若夫主將。則宜居神后之下也。

第九節　占覓路

軍行迷路。日辰上見功曹傳送。前路通。日辰上見魁罡蛇虎。前路不通。一說。天盤傳送天罡之下均有路。於理似不甚合。若逢歧路。則視天罡。天罡在孟神上。宜左行。在仲神上。宜前行。在季神上。宜右行。又法。天罡在子寅辰午申戌六陽神上。宜左行。在丑卯巳未酉亥六陰神上。宜右行。又有以日辰定左右者。日上神乘吉將。宜向左。或從大道去。辰上神乘吉將。宜向右。或從小路去。臨時參酌而定之可也。

課體得陽日昴星。爲關梁杜塞之象。萬不能前進。日辰上見神后小吉。則前面必爲水所阻也。

第十節　占刼糧

大軍深入重地。後路接濟斷絕。軍中糧草。忽告匱乏。則不得不刼糧於敵。於是有刼糧之法。敵糧之可刼與否。以玄武定之。蓋刧糧係盜賊行爲。而玄武爲賊神故也。玄武所乘之神。旺相而尅日。刧之必得。囚死而爲日所尅。不特無獲。且將遭巨創也。至於往刧之方。則被玄武所乘之神尅制者吉。尅制玄武所乘之神者凶。例如玄武乘卯。宜向辰戌丑未方。忌向申酉方。餘類推。又遁干戊己。乘天乙青龍太常等吉將。出掠亦主大獲。或向大小吉所臨之方。亦必有所得也。

就課體論。則四下賊上者可刧。四上尅下者不可刧。課傳得六陰者宜刧。課傳得六陽者不宜刧。日辰上下。互相尅賊。則我去刧彼。彼亦來刧我。

第十一節　占攻城

攻城視日辰及三傳。日上神旺相。初傳尅末傳者。攻必克。辰上神旺相。末傳尅初傳者。攻不克。且有師徒撓敗之虞。此仍不外乎主客之關係。蓋壬式以守城者爲主。攻城者爲客也。進攻時。宜避龍首而擊龍腹及龍背。龍首者。陽日在亥。陰日在己。龍腹者。陽日在申。陰日在寅。龍背者。陽日在寅。陰日在申也。一說。城在東北二方者。龍首在亥。龍腹在申。龍背在寅。城在南西二方者。龍首在巳。龍腹在寅。龍背在申。並不根據於日之陰陽似亦有理。姑並存之。

第十二節　占突圍

孤軍被圍。前後援絕。欲知其吉凶。則視日辰。日上辰尅日。辰上神尅辰。或日上神尅辰。辰上神尅日。或日之陰神尅日。辰之陰神尅辰。均爲不吉之象。勢難奪圍而出。再爲天將所尅。殃禍立至。恐有全軍覆沒之虞。日上神與日相比相生。或與辰相比相生。辰上神與辰相比相生。或與日相比相生。均爲吉象。可向天盤天罡之下。突出重圍。（如天罡加午向南方。加卯向西方之類。）蓋古有兵圍千重。斗到必通之說。斗卽天罡也。如天罡所加之處。適有山水障礙。無路可通。則視天地盤。有絳宮者。從天盤申酉下出。有明堂者。從天盤卯下出。有玉堂者。從天盤戌下出。絳宮者。亥加四仲神上也。明堂者。子加四仲神上也。玉堂者。丑加四仲神上也。又勾陳尅制之方。及天盤大小吉之下。亦可出。

第十三節　占避寇

敵衆我寡。戰無把握。則抽軍暫避其鋒。善用兵者。固應如是也。

欲知躲避之方向。則視天盤上之天罡。天罡加孟神上。宜右避。

加仲季神上。宜左避。又卯酉爲私門禁戶。六合屬卯。太陰屬酉。故卯酉及六合太陰所乘之神之下。亦可避難。此外有主張在太歲下者。有主張在寅戌亥午下者。似均不足據。至論所忌。則月厭所臨之處。及日干被尅之方。均不可往。如遇子午日。則無法躲避。蓋子爲六合不臨之地。午爲太陰不臨之地。既無門戶可尋。自無從逃遁也。又旺相之方。亦所深忌。夏季尤甚。

第十四節　占通使

兩軍約戰議和。均須通使。有去使來使之分。宜分別言之。

占去使。行年上或日辰上見魁罡者凶。課體得伏吟返吟者亦凶。敵方上神（如敵在東方。視地盤卯上神。敵在南方。視地盤午上神之類。）與行年上神。相生則吉。相尅則凶。敵方上神尅行年上神。主中途得病。行年上神尅敵方上神。主抱病而歸。二者均不利於使者。若乘吉將可解。

出發時占。傳內見傳送者吉。傳送乘吉將。雖不入傳。亦吉。蓋傳送爲道路之神。實與使者有密切之關係也。又去使行年及日辰。與太歲相生者吉。與太歲相尅者凶。出發之日。與到達之日。相生者吉。相尅者凶。

遣使前往。行離間之計。以除定危開（見第三節）上見卯酉爲吉。日辰上下宜刑冲尅害。不宜生合比和。蓋日辰上下生合比和。則彼方將士一心。欲行反間。無隙可乘矣。又朱雀乘傳送發用。則主讒言易進。亦頗有理。

去使之可恃與否。事之成敗係焉。發用旺相。與日辰相生相合。其人可恃。發用囚死。與日辰相刑相尅。其人不可恃。宜另易他人也。

占來使。以辰爲主。日爲客。日上神尅辰上神。來使有詐。不可輕信。辰上神尅日上神。來使無詐。不妨推誠相見也。日上或發用。乘天空朱雀。來使必有詭謀。以天空朱雀。均爲虛詐之神故也。又辰上及主將行年上。見天罡天耳太陰。來使必懷惡意。宜愼防。

占議和。視日辰。日辰上神相生。或相合。或相比。和議必成。相尅。或相害。或相刑。和議必破。

占投降。視太歲及天乙。太歲上神尅天乙所乘之神。來降必有詐。宜力拒之。一說。日干爲日之陰神所尅。來降有詐。姑並存之。

敵約我往。誠僞未悉。則視日辰。日辰上見功曹太衝神后太乙四神。皆主詐僞。不可往也。又申予名貪狠。亥卯名陰賊辰未名奸邪。此六神見於日辰上。爲敵無誠意之象。卽赴約。亦須預爲防備也。

第十五節　占見怪

行軍之際。有不當見而見者。卽謂之怪。不必山魈木魅牛鬼蛇神也。諺雖有見怪不怪。其怪自敗之語。然用兵大事。非尋常人事可比。怪異之來。實難忽視。欲知主何吉凶。則以類神所臨之方。與日辰較其生尅。生日辰者吉。尅日辰者凶。更以所乘之天將參之。休咎立見矣。如所見之怪。無類神可尋。則就課傳。照普通之方法斷之。

怪異之來。有不假壬式而可立斷者。其說甚多。大都怪誕不經。

姑擇其近於理者。彙誌於左。以資參考。

行軍無故見蛇。必有陰謀之事發生。亦主敵兵將至。如入營傷人。主夜有賊來刼營。蛇在當道。防敵來襲擊。不傷人者無妨。蛇盤旋金鼓上。不宜出戰。蛇自營內出外。爲士卒潰散之象。須設法禳之。惟蛇入水中。爲吉象。宜速進。

行軍見牛鬥冲入陣線者。爲兵散之象。一說。鬥勝之牛冲來者。軍勝。鬥勝之牛退去者。軍散。

軍中馬忽跳舞。爲休戰息爭之象。馬食砂石。遇敵兵大勝。馬望月而嘶。敵兵大至。宜嚴備。馬作人言。將士有災傷。宜殺以禳之。馬產子自食。不利士卒。宜殺而與衆兵共食之。或埋於刑尅之方。馬出戰張尾。主先勝後敗。宜固守不戰。三旬內出陣。不利主將。馬嘶主將衣服。必有奸細。馬產青駒。戰必大勝，軍中見飛鳥宿於營帳旌旗之上。敵兵卽至。作巢者尤凶。羣鳥隨軍出陣。敵兵不戰而走。羣鳥冲陣。敵兵勝。鳴者尤凶。鷹鷂入營捕鳥。爲敵人分兵來襲之兆。鳥被捕去大凶。未捕去無妨。

飛鳥成羣。集於大旗竿之上。須防伏兵。宜堅守。不宜出陣。

大鳥入營。而不知其名。敵有奸謀。固守則吉。

鴉夜飛而鳴。防兵潰。

鳩在營中門且鳴。七日內有賊兵至。亦主軍中有虛驚。

雉飛鳴入營。士卒有病患災傷。

鴟鴞前後飛鳴。軍心不固。主將宜安撫士卒。整肅軍紀。

白鳥入軍。當地有兵災。更視其作巢之處。以定災之輕重。旺方災輕。刑方災重。

飛鳥銜花落軍前。大將得衆心。出戰必有功。

彩鳥飛翔。從歲德上來。防伏兵冲陣及放火。

百舌穿營。敵有奸詐。五更防有賊來劫營。

赤鳥入軍。出戰有天神暗助。大吉。

營中夜聞怪鳥飛鳴。旺方猶可。忌方大凶。宜於飛鳴處。立旗麾兵器以禳之。

營中聞鶯語。吉祥之兆。定卜得勝凱旋。

杜宇入營。敵凶我吉。

鸛入營中。主有大雨。

鶴入營中。有犒賞之使至。

軍中無故見蠕蠕之蟲。往來不已。爲士卒潰散之象。

蠅蚋成羣集營中。爲發生疫癘之兆。宜遷避而祭禳之。

蝴蝶飛集營中。防有奸伏。過言無慮。又主士卒迷戀。不肯前進。

螳螂飛集營中。敵有奸謀。我先往攻。可勝。敵先來襲。必被擒。

鼠嚙兵器及皮帶。主士卒潰散。遷營吉。守舊凶。

鼠嚙刀劍衣服。敵人將用妖術來襲。宜速移營避之。

白鼠入營。獲之戰必勝。可以來方決敵之所在。

羣鼠出營。防有火發及文書遺失。移營可免。

野獸冲陣。不祥之兆。捕獲則無妨。

虎狼入營。七日內有戰事。先舉兵者凶。後舉兵者吉。

營前後有虎狼鳴。防有暴兵來襲。在旺方必有戰爭。固守則吉。
野狐入營。軍心不甯。獲之吉。不獲凶。
熊羆入營。獲之無害。若從天德天喜方來。主大將生子。
野獸夜間繞營而鳴。移營則吉。日間繞營而鳴。爲士卒逃亡之象。宜行賚賞。以固軍心。
鼓角無故自鳴。興師之象。無故自裂。大敗之象。
器皿中食物變血。戰勝得功。
盞碟作聲。有刺客至。
盞碟自碎。大將將更動。
刀劍生血斑。大戰有功。
刀槍亂響。防有混戰。

虞山蔣問亮著

神煞表

干支相遇。因陰陽五行之關係。而或生或尅或比或合或刑或冲或破或害。於是變化生焉。此或生或尅或比或合或刑或冲或破或害之中。因節序之變遷。衰旺之遞嬗而發生之變化。又有淺深輕重之不同焉。若較量其淺深。分別其輕重。一一坿以專名。苦無如是許多相當之詞。漢京房乃創爲神煞之說。蓋亦一種方便法門也。後人推闡愈細。屢有增添。然百家異同。駁雜無比。殆如亂絲之不易治。余積數年之力。博訪靑囊。詳搜秘史。謬誤者訂正之。無用者删除之。名異而實同者歸倂之。分歲月曰三種。彙列成表。以便檢查。雖不敢謂為完備。然於壬式所需。蓋已悉舉而靡遺矣。

謂傳中神煞。每吉凶互見。吉者未必皆吉。凶者未必皆凶。吉神必須與日干年命相生相合。乃可言吉。凶煞必須尅害日干年命。始可言凶。此其大較也。

(一) 歲神煞表

表中,,係仝右之略號

歲支別／神煞別	子	丑	寅	卯	辰	巳	午	未	申	酉	戌	亥	附註
太歲	子	丑	寅	卯	辰	巳	午	未	申	酉	戌	亥	所臨之方忌巡省出師營造開濬
大將軍	酉	酉	子	子	子	卯	卯	卯	午	午	午	酉	諸事不可犯
歲破	午	未	申	酉	戌	亥	子	丑	寅	卯	辰	巳	主破耗財物及家長災應在半年內

大耗	,,	,,	,,	,,	,,	,,	,,	,,	,,	,,	,,	,,	主寇盜驚恐破財損物
小耗	巳	午	未	申	酉	戌	亥	子	丑	寅	卯	辰	主破耗財物不利與販經營
死符	,,	,,	,,	,,	,,	,,	,,	,,	,,	,,	,,	,,	主有死亡不利營墓
喪門	寅	卯	辰	巳	午	未	申	酉	戌	亥	子	丑	主死喪哭泣盜賊遺亡占病凶
弔客	戌	亥	子	丑	寅	卯	辰	巳	午	未	申	酉	主疾病哀泣初傳見主骨肉災中末傳見主外親
太陰	,,	,,	,,	,,	,,	,,	,,	,,	,,	,,	,,	,,	大將宜居之方乘吉神將主婚姻乘凶神將主陰謀口舌
病符	亥	子	丑	寅	卯	辰	巳	午	未	申	酉	戌	主疾病又主去年舊事
官符	辰	巳	午	未	申	酉	戌	亥	子	丑	寅	卯	主官府詞訟
畜官	,,	,,	,,	,,	,,	,,	,,	,,	,,	,,	,,	,,	主養育羣畜犯之損六畜

白虎	申	酉	戌	亥	子	丑	寅	卯	辰	巳	午	未	主喪服凶災血光驚恐
歲刑	卯	戌	巳	子	辰	申	午	丑	寅	酉	未	亥	主官非刑責忌動土興工
黃旛	辰	丑	戌	未	辰	丑	戌	未	辰	丑	戌	未	主作事昏晦出兵主損亡
華蓋	〃	〃	〃	〃	〃	〃	〃	〃	〃	〃	〃	〃	與黃旛略同
豹尾	戌	未	辰	丑	戌	未	辰	丑	戌	未	辰	丑	主破財物損小口兵占大將宜居之
歲墓	未	申	酉	戌	亥	子	丑	寅	卯	辰	巳	午	主坟墓不利及病訟宅災
大禍	卯	戌	巳	子	未	寅	酉	辰	亥	午	丑	申	兵占主有伏兵
六害	卯	子	酉	午	卯	子	酉	午	卯	子	酉	午	又名六厄主凡事阻滯
歲馬	寅	亥	申	巳	寅	亥	申	巳	寅	亥	申	巳	主發動

刼煞	巳	寅	亥	申	巳	寅	亥	申	巳	寅	亥	申	主刼盜殺傷破財損口
災煞	午	卯	子	酉	午	卯	子	酉	午	卯	子	酉	主災厄疾病又主橫禍
歲煞	未	辰	丑	戌	未	辰	丑	戌	未	辰	丑	戌	主傷丁訟病諸凶
天煞	,,	,,	,,	,,	,,	,,	,,	,,	,,	,,	,,	,,	諸事皆忌
地煞	申	巳	寅	亥	申	巳	寅	亥	申	巳	寅	亥	占坟墓起造大忌
咸池	酉	午	卯	子	酉	午	卯	子	酉	午	卯	子	又名桃花煞主男女淫亂
亡神	亥	申	巳	寅	亥	申	巳	寅	亥	申	巳	寅	占病訟大凶
將星	子	酉	午	卯	子	酉	午	卯	子	酉	午	卯	兵占主大勝敵人
攀鞍	丑	戌	未	辰	丑	戌	未	辰	丑	戌	未	辰	主婚姻成就

六合	卯	辰	巳	午	未	申	酉	戌	亥	子	丑	寅	主會合凡事有成無破
龍德	未	申	酉	戌	亥	子	丑	寅	卯	辰	巳	午	與吉神將會生日辰諸事皆吉反此諸事不成
福德	酉	戌	亥	子	丑	寅	卯	辰	巳	午	未	申	主難中有救
太陽	丑	寅	卯	辰	巳	午	未	申	酉	戌	亥	子	士人占主貴顯
青龍	,,	,,	,,	,,	,,	,,	,,	,,	,,	,,	,,	,,	凡事有喜無憂

（二）月神煞表

月別／神煞別	正	二	三	四	五	六	七	八	九	十	十一	十二	附註
天喜	戌	戌	戌	丑	丑	丑	辰	辰	辰	未	未	未	主遷擢喜慶
三丘	丑	丑	丑	辰	辰	辰	未	未	未	戌	戌	戌	占疾病坟墓忌

關神	,,	,,	,,	,,	,,	,,	,,	,,	,,	,,	,,	,,	動主災滯
管神	,,	,,	,,	,,	,,	,,	,,	,,	,,	,,	,,	,,	主訟遺禁鎖
皇書	寅	寅	寅	巳	巳	巳	申	申	申	亥	亥	亥	占功名詞訟利
賊神	卯	卯	卯	午	午	午	酉	酉	酉	子	子	子	又名時盜主盜竊失財
奸神	寅	寅	寅	亥	亥	亥	申	申	申	巳	巳	巳	與六合天后會主淫
遊神	丑	丑	丑	子	子	子	亥	亥	亥	戌	戌	戌	作春丑夏子秋戌冬亥者非占行人用臨孟未來臨仲在途臨季即至
戲神	巳	巳	巳	子	子	子	酉	酉	酉	辰	辰	辰	與遊神略同
憂神	丑	丑	丑	子	子	子	戌	戌	戌	亥	亥	亥	主有憂事臨季及旺相為實臨孟及休囚為虛
孤辰	巳	巳	巳	申	申	申	亥	亥	亥	寅	寅	寅	占婚姻最忌

寡宿	丑	丑	丑	辰	辰	辰	未	未	未	戌	戌	戌	主憂喜無成占婚姻忌
五墓	未	未	未	戌	戌	戌	丑	丑	丑	辰	辰	辰	主墳崩占病凶
天車	巳	巳	巳	辰	辰	辰	未	未	未	酉	酉	酉	作春丑夏辰秋未冬戌者非 忌出行主車毀馬亡兵覆
地獄	未	未	未	戌	戌	戌	辰	辰	辰	丑	丑	丑	作春辰夏午秋戌冬子者非 與朱雀勾陳會主囚繫
四廢	酉	酉	酉	子	子	子	卯	卯	卯	午	午	午	作正申二酉順十二 者非主百事無成
天耳	戌	戌	戌	丑	丑	丑	辰	辰	辰	未	未	未	作春寅夏巳秋申冬亥 者非主信息察探追捕
天目	辰	辰	辰	未	未	未	戌	戌	戌	丑	丑	丑	作春卯夏午秋酉冬子者非 主鬼祟崇捕盜尋人
絕氣	申	申	申	亥	亥	亥	寅	寅	寅	巳	巳	巳	占病凶
戰雄	寅	寅	寅	巳	巳	巳	申	申	申	亥	亥	亥	主戰勝

戰雌	申	申	申	亥	亥	亥	寅	寅	寅	巳	巳	巳	主戰敗
煞神	,,	,,	,,	,,	,,	,,	,,	,,	,,	,,	,,	,,	占病凶
浴盆	辰	辰	辰	未	未	未	戌	戌	戌	丑	丑	丑	占胎產與天后會主孩死
火鬼	午	午	午	酉	酉	酉	子	子	子	卯	卯	卯	與蛇雀會尅支主火厄
喪車	酉	酉	酉	子	子	子	卯	卯	卯	午	午	午	乘神尅日占病必死
哭神	未	未	未	戌	戌	戌	丑	丑	丑	辰	辰	辰	與白虎會主有哭聲臨亥子爲哭神有淚大凶
鑰神	巳	巳	巳	申	申	申	亥	亥	亥	寅	寅	寅	主四釋
喝散	,,	,,	,,	,,	,,	,,	,,	,,	,,	,,	,,	,,	主訟解
吏神	寅	寅	寅	巳	巳	巳	申	申	申	亥	亥	亥	主官事與吉神會則吉與雀勾蛇會主追呼速

轉煞	卯	卯	卯	午	午	午	酉	酉	酉	子	子	子	占農事忌見
飛禍	申	申	申	寅	寅	寅	巳	巳	巳	亥	亥	亥	百事皆忌
絲麻	卯	卯	卯	午	午	午	酉	酉	酉	子	子	子	主縊絞
死別	戌	戌	戌	未	未	未	辰	辰	辰	丑	丑	丑	占出行忌見
返魂	亥	亥	亥	寅	寅	寅	申	申	申	巳	巳	巳	主復病
梁神	巳	巳	巳	申	申	申	亥	亥	亥	寅	寅	寅	占行人主阻滯
龍神	辰	辰	辰	未	未	未	戌	戌	戌	丑	丑	丑	占墳地用大吉
刀砧	子	子	子	卯	卯	卯	午	午	午	酉	酉	酉	占六畜忌
奸盜	卯	卯	卯	午	午	午	酉	酉	酉	子	子	子	主奸私賊盜

天轉	乙卯	乙卯	乙卯	丙午	丙午	丙午	辛酉	辛酉	辛酉	壬子	壬子	壬子	占事有反覆
地轉	辛卯	辛卯	辛卯	戊午	戊午	戊午	癸酉	癸酉	癸酉	丙子	丙子	丙子	仝右
天德	未	申	亥	戌	亥	寅	丑	寅	巳	辰	巳	申	主消災降福
天德合	亥	○	未	巳	○	未	巳	○	戌	申	○	辰	仝右
月德	巳	寅	亥	申	巳	寅	亥	申	巳	寅	亥	申	仝右
月德合	戌	未	未	辰	戌	未	未	辰	戌	未	未	辰	仝右
天解	申	未	午	巳	辰	卯	寅	丑	子	亥	戌	酉	作申戌子寅辰午申戌子寅辰午者非主憂喜無成諸惡逢之皆滅
地解	申	申	酉	酉	戌	戌	亥	亥	午	午	未	未	又名內解主凶災消釋
解神	申	申	戌	戌	子	子	寅	寅	辰	辰	午	午	作與地解同者非性質與地解略同

會神	未	戌	寅	亥	酉	子	丑	午	巳	卯	申	辰	主行人至
信神	申	戌	寅	丑	亥	辰	巳	未	巳	未	申	戌	主有書信
生炁	子	丑	寅	卯	辰	巳	午	未	申	酉	戌	亥	主解凶增吉成就新事與后合會主有孕
死炁	午	未	申	酉	戌	亥	子	丑	寅	卯	辰	巳	占病產最忌
死神	巳	午	未	申	酉	戌	亥	子	丑	寅	卯	辰	占病凶與白虎會名白虎開口大凶
成神	巳	申	亥	寅	巳	申	亥	寅	巳	申	亥	寅	旺相與日干生合主事成
血支	丑	寅	卯	辰	巳	午	未	申	酉	戌	亥	子	主產難占病忌針灸
血忌	丑	未	寅	申	卯	酉	辰	戌	巳	亥	午	子	仝右
飛魂	亥	子	丑	寅	卯	辰	巳	午	未	申	酉	戌	又名游魂亦即飛橫主神魂不定夜多凶夢鬼祟相侵

喪魄	未	辰	丑	戌	未	辰	丑	戌	未	辰	丑	戌	與白虎會病者主死健者主病
月厭	戌	酉	申	未	午	巳	辰	卯	寅	丑	子	亥	占嫁娶忌百事不成逃者忌向此方
上喪	辰	未	戌	丑	辰	未	戌	丑	辰	未	戌	丑	主爲尊長服喪
下喪	未	辰	丑	戌	未	辰	丑	戌	未	辰	丑	戌	主爲卑幼服喪
大時	卯	子	酉	午	卯	子	酉	午	卯	子	酉	午	忌出行追捕必獲
小時	寅	卯	辰	巳	午	未	申	酉	戌	亥	子	丑	主阻滯忌行師
破碎	酉	巳	丑	酉	巳	丑	酉	巳	丑	酉	巳	丑	即金神又名紅沙主破財諸事不利凶速占墳墓與天空會主子孫敗絕
歸忌	丑	寅	子	丑	寅	子	丑	寅	子	丑	寅	子	主家神爲祟行人忌歸家
往亡	寅	巳	申	亥	卯	午	酉	子	辰	未	戌	丑	百事不利

飛廉	戌	巳	午	未	寅	卯	辰	亥	子	丑	申	酉	求事迅速行人立至占非常不測事凶速
月刑	巳	子	辰	申	午	丑	寅	酉	未	亥	卯	戌	諸占不吉主有刑傷
天賊	辰	酉	寅	未	子	巳	戌	卯	申	丑	午	亥	主舉動招盜
厭對	辰	卯	寅	丑	子	亥	戌	酉	申	未	午	巳	又名招搖占婚姻忌
血光	,,	,,	,,	,,	,,	,,	,,	,,	,,	,,	,,	,,	主血災
月破	申	酉	戌	亥	子	丑	寅	卯	辰	巳	午	未	主破壞離散憂喜皆不成胎產易婚娶忌
大煞	午	卯	子	酉	午	卯	子	酉	午	卯	子	酉	作與飛廉同者非主刑傷門殺凡事皆凶
遊禍	巳	寅	亥	申	巳	寅	亥	申	巳	寅	亥	申	作正月起巳逆十二者非主舉動有災
受死	戌	辰	亥	巳	子	午	丑	未	寅	申	卯	酉	一切大凶

月煞	丑	戌	未	辰	丑	戌	未	辰	丑	戌	未	辰	占移造病患忌
天鬼	酉	午	卯	子	酉	午	卯	子	酉	午	卯	子	又名伏殃臨年命日辰發用主兵亡產死占疾病尤忌
孝服	午	未	申	酉	戌	亥	子	丑	寅	卯	辰	巳	主有孝服
孝杖	巳	午	未	申	酉	戌	亥	子	丑	寅	卯	辰	子孫傳內見主有喪
天巫	辰	巳	午	未	申	酉	戌	亥	子	丑	寅	卯	宜祈福禳災
迷惑	丑	戌	未	辰	丑	戌	未	辰	丑	戌	未	辰	主癡迷失記
相負	亥	亥	丑	丑	卯	卯	巳	巳	未	未	酉	酉	主爲人所負
枉屈	巳	巳	未	未	酉	酉	亥	亥	丑	丑	卯	卯	主有冤枉
瓦煞	巳亥	子午	丑未	寅申	卯酉	辰戌	亥巳	午子	未丑	申寅	酉卯	戌辰	陰日視左行陽日視右行主有瓦怪

門煞	戌	酉	辰	卯	戌	酉	辰	卯	戌	酉	辰	卯	主門戶事
夢神	辰	戌	丑	未	辰	戌	丑	未	辰	戌	丑	未	主夢寐事
五鬼	午	辰	寅	酉	卯	申	丑	巳	子	未	亥	戌	出行大凶
月鬼	未	辰	丑	戌	未	辰	丑	戌	未	辰	丑	戌	占病訟忌
奸門	申	亥	寅	巳	申	亥	寅	巳	申	亥	寅	巳	主奸淫
桃花	卯	子	酉	午	卯	子	酉	午	卯	子	酉	午	即咸池主淫亂口舌
披麻	子	酉	午	卯	子	酉	午	卯	子	酉	午	卯	主有孝服
天馬	午	申	戌	子	寅	辰	午	申	戌	子	寅	辰	主遷動更改
陽煞	亥	寅	巳	申	亥	寅	巳	申	亥	寅	巳	申	主陽人口舌

陰煞	巳	辰	卯	寅	丑	子	亥	戌	酉	申	未	午	作正寅二亥三申四巳周而復始者非主陰人口舌占病凶
書信	酉	戌	亥	子	丑	寅	卯	辰	巳	午	未	申	與貴人或朱雀會主有信臨門
天機	,,	,,	,,	,,	,,	,,	,,	,,	,,	,,	,,	,,	作正月起丑逆十二者非主是非口舌
月害	巳	辰	卯	寅	丑	子	亥	戌	酉	申	未	午	忌婚姻納財畜
滅門	亥	午	丑	申	卯	戌	巳	子	未	寅	酉	辰	諸占遇之均大凶
大禍	巳	子	未	寅	酉	辰	亥	午	丑	申	卯	戌	仝右
火光	戌	酉	申	未	午	巳	辰	卯	寅	丑	子	亥	又名地火與螣蛇朱雀會尅日身災尅辰宅災
火燭	巳	午	未	申	酉	戌	亥	子	丑	寅	卯	辰	仝右
雌虎	辰	巳	午	未	申	酉	戌	亥	子	丑	寅	卯	主虎狼害

雨師	子	卯	午	酉	子	卯	午	酉	子	卯	午	酉	臨旺相神主有雨
風伯	申	未	午	巳	辰	卯	寅	丑	子	亥	戌	酉	主風
月合	亥	戌	酉	申	未	午	巳	辰	卯	寅	丑	子	主有吉慶
風煞	寅	丑	子	亥	戌	酉	申	未	午	巳	辰	卯	主大風
雨煞	子	丑	寅	卯	辰	巳	午	未	申	酉	戌	亥	作正子二酉三午四卯周而復始者非占同雨師
天書	戌	亥	子	丑	寅	卯	辰	巳	午	未	申	酉	主遷擢
雷煞	亥	申	巳	寅	亥	申	巳	寅	亥	申	巳	寅	與支后會主陰雨與貴空會主晴與蛇雀會主雷電與常勾會不定
女災	,,	,,	,,	,,	,,	,,	,,	,,	,,	,,	,,	,,	主陰人病
天火	子	卯	午	酉	子	卯	午	酉	子	卯	午	酉	主火災與蛇雀會尤凶

月奸	丑	辰	未	戌	丑	辰	未	戌	丑	辰	未	戌	主陰私內亂
雷公	卯	子	酉	午	卯	子	酉	午	卯	子	酉	午	占同雷煞
天倉	寅	丑	子	亥	戌	酉	申	未	午	巳	辰	卯	主收穫豐稔
天財	辰	午	申	戌	子	寅	辰	午	申	戌	子	寅	宜求財
天詔	亥	子	丑	寅	卯	辰	巳	午	未	申	酉	戌	與天驛二馬會主有恩施
遊煞	卯	辰	巳	午	未	申	酉	戌	亥	子	丑	寅	忌出行入傳臨年命主行動
天鷄	酉	申	未	午	巳	辰	卯	寅	丑	子	亥	戌	主信息占行人立至
謾語	午	未	申	酉	戌	亥	子	丑	寅	卯	辰	巳	與天空會主言語不實
天坑	丑	寅	卯	辰	巳	午	未	申	酉	戌	亥	子	忌出行主損輪蹄

盜神	卯	午	酉	子	卯	午	酉	子	卯	午	酉	子	主有盜賊
邪神	未	午	巳	辰	卯	寅	丑	子	亥	戌	酉	申	主有邪氣
天廁	寅	巳	申	亥	卯	午	酉	子	辰	未	戌	丑	主尊卑不正
產煞	寅	巳	申	亥	寅	巳	申	亥	寅	巳	申	亥	與陰后會立產與勾虎會主產難
刼煞	亥	申	巳	寅	亥	申	巳	寅	亥	申	巳	寅	主有刼盜病凶災速土人占考試則主及第
大耗	申	酉	戌	亥	子	丑	寅	卯	辰	巳	午	未	主冠盜驚恐破財損物
小耗	未	申	酉	戌	亥	子	丑	寅	卯	辰	巳	午	主破耗財物不利興販經營
皇恩	未	酉	亥	丑	卯	巳	未	酉	亥	丑	卯	巳	仕宦占主遷轉
天盜	寅	亥	申	巳	寅	亥	申	巳	寅	亥	申	巳	作春卯夏午秋酉冬子者非主盜

亡神	巳	寅	亥	申	巳	寅	亥	申	巳	寅	亥	申	主有亡失
火怪	戌	未	辰	丑	戌	未	辰	丑	戌	未	辰	丑	一作光怪又名光影 主火光鬼怪
天醫	辰	巳	午	未	申	酉	戌	亥	子	丑	寅	卯	占病用
地醫	戌	亥	子	丑	寅	卯	辰	巳	午	未	申	酉	占病用
纏繞	申申	酉未	戌午	亥巳	子辰	丑卯	寅寅	卯丑	辰子	巳亥	午戌	未酉	病訟忌陽年視右行 陰年視左行
天破	午	酉	子	卯	午	酉	子	卯	午	酉	子	卯	占病吉
小煞	丑	戌	未	辰	丑	戌	未	辰	丑	戌	未	辰	作正卯二巳三未四酉五亥 六丑周而復始者非主小口 災
枯骨	未	申	酉	戌	亥	子	丑	寅	卯	辰	巳	午	占病凶
瘟煞	辰	巳	午	未	申	酉	戌	亥	子	丑	寅	卯	主瘟疫

兒煞	亥	子	丑	寅	卯	辰	巳	午	未	申	酉	戌	主小兒災
刑亡	戌	亥	子	丑	申	酉	辰	巳	午	未	寅	卯	又名市曹主受死刑
道路	申	酉	戌	亥	子	丑	寅	卯	辰	巳	午	未	主道路事
天吏	酉	午	卯	子	酉	午	卯	子	酉	午	卯	子	占同吏神
災煞	子	酉	午	卯	子	酉	午	卯	子	酉	午	卯	主災厄疾病又主橫禍
懸索	卯	子	酉	午	卯	子	酉	午	卯	子	酉	午	乘鬼爻主有縊死鬼占賊必自屋而下
天煞	丑	戌	未	辰	丑	戌	未	辰	丑	戌	未	辰	諸事皆忌
天咒	酉	午	卯	子	酉	午	卯	子	酉	午	卯	子	主咒詛
墓門	亥	申	巳	寅	亥	申	巳	寅	亥	申	巳	寅	主墳墓遷動

長繩	酉	午	卯	子	酉	午	卯	子	酉	午	卯	子	占同縣索作正月起亥逆行十二者非
木煞	寅	卯	辰	巳	午	未	申	酉	戌	亥	子	丑	主樹木怪
天虎	,,	,,	,,	,,	,,	,,	,,	,,	,,	,,	,,	,,	主虎狼害
天龍	卯	辰	巳	午	未	申	酉	戌	亥	子	丑	寅	求名求祿利
厄煞	巳	午	未	申	酉	戌	亥	子	丑	寅	卯	辰	主家事損
電煞	,,	,,	,,	,,	,,	,,	,,	,,	,,	,,	,,	,,	主有電
官符	午	未	申	酉	戌	亥	子	丑	寅	卯	辰	巳	主官府詞訟
畜官	,,	,,	,,	,,	,,	,,	,,	,,	,,	,,	,,	,,	主養育羣畜死之損六畜
井煞	未	申	酉	戌	亥	子	丑	寅	卯	辰	巳	午	與白虎會尅日主落井

兵煞	申	酉	戌	亥	子	丑	寅	卯	辰	巳	午	未	主有兵事
天錢	酉	戌	亥	子	丑	寅	卯	辰	巳	午	未	申	主錢怪或有窖藏
天愿	戌	亥	子	丑	寅	卯	辰	巳	午	未	申	酉	主有愿未還
伏連	亥	子	丑	寅	卯	辰	巳	午	未	申	酉	戌	諸占皆忌
哭忌	,,	,,	,,	,,	,,	,,	,,	,,	,,	,,	,,	,,	主有哭聲
病煞	,,	,,	,,	,,	,,	,,	,,	,,	,,	,,	,,	,,	忌同墓虎
佛煞	丑	寅	卯	辰	巳	午	未	申	酉	戌	亥	子	主佛像事
天牛	,,	,,	,,	,,	,,	,,	,,	,,	,,	,,	,,	,,	主牛怪病
天羊	未	申	酉	戌	亥	子	丑	寅	卯	辰	巳	午	主羊怪病

墳墓	丑	寅	卯	辰	巳	午	未	申	酉	戌	亥	子	臨辰主有尸未葬
天猪	亥	戌	酉	申	未	午	巳	辰	卯	寅	丑	子	主猪怪病
天鼠	子	亥	戌	酉	申	未	午	巳	辰	卯	寅	丑	主鼠耗
天視	,,	,,	,,	,,	,,	,,	,,	,,	,,	,,	,,	,,	所臨之處可捕人
天怪	丑	子	亥	戌	酉	申	未	午	巳	辰	卯	寅	主天變
燭命	卯	寅	丑	子	亥	戌	酉	申	未	午	巳	辰	主有火災
地咒	午	巳	辰	卯	寅	丑	子	亥	戌	酉	申	未	占同天咒
破器	,,	,,	,,	,,	,,	,,	,,	,,	,,	,,	,,	,,	占破器爲怪主病忌
陰奸	未	午	巳	辰	卯	寅	丑	子	亥	戌	酉	申	主私通

天猴	申	未	午	巳	辰	卯	寅	丑	子	亥	戌	酉	占同天坑
軒轅	酉	申	未	午	巳	辰	卯	寅	丑	子	亥	戌	主兵戈
折傷	,,	,,	,,	,,	,,	,,	,,	,,	,,	,,	,,	,,	主六畜走失
天狗	戌	酉	申	未	午	巳	辰	卯	寅	丑	子	亥	占產孕忌
四足	,,	,,	,,	,,	,,	,,	,,	,,	,,	,,	,,	,,	主四足怪
石煞	,,	,,	,,	,,	,,	,,	,,	,,	,,	,,	,,	,,	主石怪
白衣	未	辰	丑	未	辰	丑	未	辰	丑	未	辰	丑	子孫爻上見主尅尊長
華蓋	戌	未	辰	丑	戌	未	辰	丑	戌	未	辰	丑	覆日主昏晦
天獄	亥	申	巳	寅	亥	申	巳	寅	亥	申	巳	寅	與朱勾會主囚繫

天綱	,,	,,	,,	,,	,,	,,	,,	,,	,,	,,	,,	,,	宜捕獵
坑坎	子	酉	午	卯	子	酉	午	卯	子	酉	午	卯	主坑坎怪
山魈	,,	,,	,,	,,	,,	,,	,,	,,	,,	,,	,,	,,	主山怪
鏡煞	,,	,,	,,	,,	,,	,,	,,	,,	,,	,,	,,	,,	主鏡怪
五盜	丑	戌	未	辰	丑	戌	未	辰	丑	戌	未	辰	主同天盜
邪鬼	辰	丑	戌	未	辰	丑	戌	未	辰	丑	戌	未	主邪鬼爲祟
伏骨	午	卯	子	酉	午	卯	子	酉	午	卯	子	酉	占病凶
穢煞	未	辰	丑	戌	未	辰	丑	戌	未	辰	丑	戌	主汙穢物
天旺	巳	申	亥	寅	巳	申	亥	寅	巳	申	亥	寅	仕宦占得主遷擢

爐煞	未	戌	丑	辰	未	戌	丑	辰	未	戌	丑	辰	主香爐怪
獄神	,,	,,	,,	,,	,,	,,	,,	,,	,,	,,	,,	,,	占訟忌
天信	酉	子	卯	午	酉	子	卯	午	酉	子	卯	午	主信息
反激	戌	丑	辰	未	戌	丑	辰	未	戌	丑	辰	未	主互相報復
釜神	寅	巳	申	亥	寅	巳	申	亥	寅	巳	申	亥	主鍋鳴
奸私	,,	,,	,,	,,	,,	,,	,,	,,	,,	,,	,,	,,	主隱匿
天械	辰	未	戌	丑	辰	未	戌	丑	辰	未	戌	丑	占官事凶
天刑	寅	辰	午	申	戌	子	寅	辰	午	申	戌	子	主囚繫
怪煞	卯	巳	未	酉	亥	丑	卯	巳	未	酉	亥	丑	主有凶事

獸煞	戌	子	寅	辰	午	申	戌	子	寅	辰	午	申	主六畜走失
聖心	亥	巳	子	午	丑	未	寅	申	卯	酉	辰	戌	諸事皆吉與貴龍貴人會更吉
玉宇	卯	酉	辰	戌	巳	亥	午	子	未	丑	申	寅	仝右
金堂	辰	戌	巳	亥	午	子	未	丑	申	寅	酉	卯	與日德會主貴顯
罪至	午	子	未	丑	申	寅	酉	卯	戌	辰	亥	巳	占訟忌
恩赦	戌	丑	辰	未	酉	卯	子	午	寅	巳	申	亥	一名皇恩大赦主獄囚釋放

(三)日神煞甲表

日干別 / 神煞別	甲	乙	丙	丁	戊	己	庚	辛	壬	癸	附註
日德	寅	申	巳	亥	巳	寅	申	巳	亥	巳	詳第四卷中

日祿	寅	卯	巳	午	巳	午	申	酉	亥	子	仝右
日墓	未	戌	戌	丑	戌	丑	丑	辰	辰	未	仝右
日解	亥	申	未	丑	酉	亥	申	未	丑	酉	占凶事可解
飛符	巳	辰	卯	寅	丑	午	未	申	酉	戌	出行忌與朱勾會凶甚
羊刃	卯	辰	午	未	午	未	酉	戌	子	丑	靜吉動凶又主血光
飛刃	酉	戌	子	丑	子	丑	卯	辰	午	未	主血光凶事
日盜	子	亥	卯	申	巳	子	亥	卯	申	巳	主有盜賊
日奸	亥	酉	辰	申	巳	亥	酉	辰	申	巳	主奸私
日淫	午	午	未	未	戌	戌	寅	寅	巳	巳	主淫亂

遊都	丑	子	寅	巳	申	丑	子	寅	巳	申	占賊來路視之
魯都	未	午	申	亥	寅	未	午	申	亥	寅	占賊去路視之
日賊	辰	午	申	亥	寅	辰	午	申	亥	寅	主有盜賊
日醫	卯	亥	丑	未	巳	卯	亥	丑	未	巳	占病見之主醫有效
賢貴	丑	申	寅	寅	午	丑	申	寅	寅	午	臨亥主其人可傳道
文星	亥	亥	寅	寅	午	午	巳	巳	申	申	與青龍會臨子主大貴
干奇	午	巳	辰	卯	寅	丑	未	申	酉	戌	主消禍增福
大煞	亥	亥	未	未	戌	戌	寅	寅	巳	巳	凡事忌
福星	子	丑	子	子	未	未	丑	丑	巳	巳	占求望吉

進神	子午	子午	子午	子午	子午	卯酉	卯酉	卯酉	卯酉	卯酉	凡事不可退退則可惜
退神	丑未	丑未	丑未	丑未	丑未	辰戌	辰戌	辰戌	辰戌	辰戌	凡事不可進進則多阻

(四)日神煞乙表

神煞別 ╲ 日支別	子	丑	寅	卯	辰	巳	午	未	申	酉	戌	亥	附註
支德	巳	午	未	申	酉	戌	亥	子	丑	寅	卯	辰	主解凶增吉
支儀	午	巳	辰	卯	寅	丑	未	申	酉	戌	亥	子	占同支德
支刑	卯	未	申	子	辰	寅	午	戌	巳	酉	丑	亥	詳第四卷中
支冲	午	未	申	酉	戌	亥	子	丑	寅	卯	辰	巳	仝右
支破	酉	辰	亥	午	丑	申	卯	戌	巳	子	未	寅	仝右

支害	未	午	巳	辰	卯	寅	丑	子	亥	戌	酉	申	仝右
支墓	辰	辰	未	未	辰	戌	戌	辰	丑	丑	辰	辰	主暗昧阻塞
支鬼	戌辰	卯	申	酉	寅	亥	子	卯	午	巳	寅	戌丑	主暗中傷尅
破碎	巳	丑	酉	巳	丑	酉	巳	丑	酉	巳	丑	酉	主破財諸事不利凶速
死神	卯	辰	巳	午	未	申	酉	戌	亥	子	丑	寅	占病凶與白虎會名白虎開口大凶
病符	亥	子	丑	寅	卯	辰	巳	午	未	申	酉	戌	主疾病又主去年舊事
勾神	卯	戌	巳	子	未	寅	酉	辰	亥	午	丑	申	與蛇虎會入傳占小兒病主驚厥
絞神	酉	辰	亥	午	丑	申	卯	戌	巳	子	未	寅	仝右
驛馬	寅	亥	申	巳	寅	亥	申	巳	寅	亥	申	巳	詳第四卷中

華蓋	辰	丑	戌	未	辰	丑	戌	未	辰	丑	戌	未	覆日主昏晦
劫煞	巳	寅	亥	申	巳	寅	亥	申	巳	寅	亥	申	主有劫盜病凶災速士人占考試則主及第
災煞	午	卯	子	酉	午	卯	子	酉	午	卯	子	酉	主災厄疾病又占橫禍
咸池	酉	午	卯	子	酉	午	卯	子	酉	午	卯	子	一名桃花主淫亂口舌
雷電	辰	辰	未	未	戌	戌	丑	丑	寅	寅	卯	卯	主電雷
晴朗	午	未	申	酉	戌	亥	子	丑	寅	卯	辰	巳	主晴

六壬鑰 附錄二

課傳表

壬課每日有十二式。以六十乘之。凡得七百二十。大別爲九種。已於第二卷占法篇中。詳舉其發三傳之法。茲爲便利起見。編成簡表。一課到手。起得四課後。卽可從表中檢出三傳。以省手續。

甲日占課。查甲日表。乙日占課。查乙日表。餘類推。表中之支別。指日支而言。干上別。指日上神（卽第一課之上一字）而言。例如甲午日酉時未將占。日上神爲子。則於甲日表中查得支別行中之午。與干上別行中之子。一縱一橫。相會之處。得戌午申。卽所發之三傳也。
他書所載課傳表。繆誤處頗多。本表逐課推演。加以訂正。讀者幸勿忽視也。

甲日表

表中之,,係仝右之略號

干上／支別	子	丑	寅	卯	辰	巳	午	未	申	酉	戌	亥
子	戌申午	子亥戌	寅巳申	辰巳午	辰午申	申亥寅	辰申子	子巳戌	寅申寅	寅酉辰	戌午寅	午卯子
寅	,,	,,	,,	,,	,,	,,	申午午	,,	,,	酉辰亥	,,	丑亥亥
辰	,,	,,	,,	,,	,,	,,	申子辰	寅未子	,,	午丑申	子申辰	申巳寅
午	,,	,,	,,	,,	,,	,,	寅午戌	子巳戌	,,	酉辰亥	戌午寅	,,
申	午辰寅	,,	,,	,,	,,	,,	辰申子	,,	,,	戌巳子	子申辰	巳寅亥
戌	,,	,,	,,	,,	,,	,,	寅午戌	,,	,,	子未寅	戌午寅	申巳寅

乙日表

干上／支別	丑	卯	巳	未	酉	亥
子	巳丑酉	未卯亥	酉巳丑	卯亥未	巳丑酉	未卯亥
丑	丑戌未	,,	,,	,,	,,	,,
寅	亥酉未	,,	丑亥酉	亥寅巳	未巳卯	酉未巳
卯	子亥戌	丑子亥	卯寅丑	戌卯午	申未午	戌酉申
辰	辰丑戌	辰卯子	辰巳申	辰未丑	辰酉卯	辰亥巳
巳	寅卯辰	辰巳午	未申酉	酉戌亥	亥子丑	丑寅卯
午	申戌子	,,	,,	,,	,,	,,
未	未戌丑	酉子卯	未戌丑	,,	,,	,,
申	酉丑巳	未亥卯	酉丑巳	亥卯未	申子辰	未亥卯
酉	寅未子	,,	,,	巳戌卯	未子巳	寅未子
戌	戌辰戌	卯酉卯	巳亥巳	戌辰戌	卯酉卯	巳亥巳
亥	卯戌巳	午丑申	,,	,,	亥午丑	午丑申

丙日表

干上別／支別	子	寅	辰	午	申	戌
子	子未寅	,,	午丑申	子未寅	巳戌子	子未寅
丑	申辰子	戌午寅	子申辰	戌午寅	子申辰	酉午丑
寅	午卯子	亥申巳	,,	子酉午	巳寅亥	亥申巳
卯	丑亥酉	,,	,,	,,	,,	,,
辰	戌酉申	子亥戌	卯寅丑	,,	,,	,,
巳	巳申寅	,,	,,	,,	,,	,,
午	寅卯辰	辰巳午	亥午午	申酉戌	酉戌亥	亥子丑
未	辰午申	,,	申戌子	,,	子寅辰	,,
申	申亥寅	,,	,,	,,	,,	,,
酉	酉丑巳	,,	,,	,,	,,	,,
戌	巳戌卯	子巳戌	寅未子	辰酉寅	卯申丑	申丑午
亥	午子午	寅申寅	巳亥巳	午子午	寅申寅	巳亥巳

丁日表

支列＼干上列	丑	卯	巳	未	酉	亥
子	巳戌卯	,,	,,	,,	未子巳	巳戌卯
丑	亥未丑	卯酉卯	巳亥巳	巳丑丑	卯酉卯	巳亥巳
寅	卯戌巳	戌巳子	酉辰亥	,,	亥午丑	午丑申
卯	巳丑酉	未卯亥	亥未卯	卯亥未	巳丑酉	未卯亥
辰	子辰戌	子酉午	亥申巳	亥辰辰	午卯子	巳寅亥
巳	亥酉未	,,	丑亥酉	丑巳巳	,,	酉未巳
午	子亥戌	丑子亥	卯寅丑	卯午午	申未午	戌酉申
未	丑戌未	卯子午	巳申寅	未丑戌	酉未丑	亥未丑
申	申酉戌	辰巳午	申酉戌	,,	亥子丑	申酉戌
酉	酉亥丑	,,	,,	,,	,,	,,
戌	午戌辰	酉子卯	申亥寅	亥戌戌	子卯午	午戌寅
亥	酉丑巳	未亥卯	酉丑巳	亥卯未	,,	未亥卯

戊日表

天上別／支別	子	寅	辰	午	申	戌
子	子未寅	,,	,,	,,	,,	,,
丑	巳申丑	戌午寅	子申辰	戌午寅	子申辰	寅戌午
寅	寅亥申	,,	,,	,,	,,	,,
卯	丑亥酉	,,	,,	,,	,,	,,
辰	戌酉申	子亥戌	卯寅丑	,,	,,	,,
巳	巳申寅	,,	,,	,,	,,	,,
午	寅卯辰	辰巳午	寅午午	,,	戌酉午	亥子丑
未	辰午申	,,	申戌子	,,	子寅辰	,,
申	卯午酉	申亥寅	亥寅巳	酉子卯	寅巳申	亥寅巳
酉	辰申子	丑午酉	子辰申	寅午戌	辰申子	寅午戌
戌	巳戌卯	子巳戌	寅未子	辰酉寅	卯申丑	申丑午
亥	午子午	寅申寅	巳亥巳	午子午	寅申寅	巳亥巳

己日表

干上列＼支列	丑	卯	巳	未	酉	亥
子	巳戌卯	,,	,,	,,	未子巳	巳戌卯
丑	亥未丑	卯酉卯	巳亥巳	巳丑丑	卯酉卯	巳亥巳
寅	卯戌巳	戌巳子	酉辰亥	,,	亥午丑	午丑申
卯	巳丑酉	未卯亥	卯亥未	,,	巳丑酉	未卯亥
辰	子辰戌	子酉午	寅亥申	亥辰辰	午卯子	巳寅亥
巳	亥酉未	,,	丑亥酉	丑巳巳	卯丑亥	,,
午	子亥戌	丑子亥	卯寅丑	卯午午	戌午申	戌酉申
未	丑戌未	卯子午	巳申寅	未丑戌	酉未丑	亥未丑
申	寅卯辰	辰巳午	申申午	未申申	亥子丑	丑寅卯
酉	卯巳未	亥丑卯	,,	酉酉酉	丑卯巳	,,
戌	午戌辰	酉子卯	申亥寅	亥戌戌	卯午酉	寅巳申
亥	酉丑巳	未亥卯	酉丑巳	亥卯未	,,	未亥卯

庚日表

干上 ╲ 支別	子	寅	辰	午	申	戌
子	辰申子	,,	,,	,,	,,	,,
丑	巳戌卯	子巳戌	寅未子	辰酉寅	卯丑丑	申丑午
寅	寅申寅	,,	,,	,,	,,	,,
卯	戌巳子	,,	午丑申	戌巳子	,,	,,
辰	子申辰	,,	,,	,,	,,	,,
巳	午卯子	巳寅亥	,,	,,	,,	,,
午	午辰寅	,,	寅子戌	午辰寅	,,	,,
未	戌酉申	子亥戌	卯寅丑	午巳辰	酉未未	午巳辰
申	申寅巳	,,	,,	,,	,,	,,
酉	寅卯辰	辰巳午	午未申	戌未酉	亥酉酉	亥子丑
戌	辰午申	,,	申戌子	,,	子寅辰	,,
亥	午酉子	申亥寅	寅巳申	酉子卯	丑亥亥	寅巳申

辛日表

干上列／支列	子	丑	寅	卯	辰	巳	午	未	申	酉	戌	亥
丑	卯巳未	巳丑丑	酉丑巳	卯申丑	亥未辰	卯戌巳	巳丑酉	巳未未	亥酉未	子亥戌	丑戌未	寅卯辰
卯	巳未酉	酉子卯	未亥卯	〃	卯酉卯	戌巳子	未卯亥	子未子	〃	丑子亥	卯子午	辰巳午
巳	寅辰午	申亥寅	酉丑巳	〃	巳亥巳	未寅酉	午寅戌	寅亥申	丑亥酉	卯寅丑	巳申寅	午未申
未	〃	亥丑丑	亥卯未	巳戌卯	巳丑辰	酉辰亥	卯亥未	亥未未	午辰寅	巳辰卯	未丑戌	申亥申
酉	丑卯巳	卯午酉	寅午戌	未子巳	卯酉卯	亥午丑	巳丑酉	午卯子	〃	丑酉酉	酉戌未	亥子丑
亥	〃	巳申亥	未亥卯	卯申丑	巳亥巳	午丑申	未卯亥	巳寅亥	〃	戌酉申	亥戌未	丑寅卯

壬日表

干上別／支別	子	丑	寅	卯	辰	巳	午	未	申	酉	戌	亥
子	寅卯辰	辰午申	午酉子	未亥卯	巳戌卯	午子午	午丑申	未卯亥	午卯子	戌申午	戌酉申	亥子卯
寅	辰巳午	,,	申亥寅	,,	子巳戌	寅申寅	,,	戌午寅	巳寅亥	,,	子亥戌	亥寅巳
辰	丑寅卯	申戌子	戌丑辰	,,	寅未子	巳亥巳	,,	子申辰	,,	寅子戌	戌酉申	亥辰戌
午	,,	,,	酉子卯	,,	辰酉寅	午子午	,,	戌午寅	,,	,,	,,	亥午子
申	,,	子寅辰	巳申亥	,,	,,	寅申寅	,,	子申辰	,,	午辰寅	,,	亥申寅
戌	亥子丑	,,	辰未戌	,,	,,	巳亥巳	,,	未卯亥	,,	,,	,,	亥戌未

癸日表

干上別／支別	丑	卯	巳	未	酉	亥
子	子亥戌	丑子亥	卯寅丑	巳辰卯	未午巳	戌酉申
丑	丑戌未	,,	,,	,,	,,	,,
寅	寅卯辰	辰巳午	未申酉	申寅申	亥子丑	丑寅卯
卯	卯巳未	未酉亥	,,	巳未酉	丑卯巳	,,
辰	辰未戌	酉子卯	申亥寅	辰未戌	,,	,,
巳	酉丑巳	,,	,,	,,	,,	,,
午	午亥辰	,,	,,	巳戌卯	未子巳	午亥辰
未	未丑未	卯酉卯	巳亥巳	未丑未	卯酉卯	巳亥巳
申	卯戌巳	,,	,,	,,	亥午丑	卯戌巳
酉	巳丑酉	未卯亥	巳丑酉	卯亥未	巳丑酉	未卯亥
戌	戌未辰	,,	,,	,,	午卯子	巳寅亥
亥	亥酉未	丑亥酉	,,	巳卯丑	未巳卯	,,

1500

—丁卯年臘月中旬初版—

六壬鑰

一名六壬教科書
又名六壬學講義

—定價大洋四圓正—

虞山蔣問兲　編輯
廣西張其鍠　鑒定
奇術研究會　出版
奇術圖書社　發行
上海中西書局　特約總發行
各省中西書店　均有分售